AF747262

Hipnose e Magnetismo

Unindo os caminhos antigos com as pesquisas recentes da ciência

Por Marcelo N. Nader

ISBN 978-65-01-24920-9
(Edição impressa)
ISBN 978-65-01-24342-9
(Edição digital)

Índice

Boas-vindas ao Leitor

Seja muito bem-vindo a esta jornada fascinante que se inicia com as páginas de "Hipnose e Magnetismo: Unindo Caminhos Antigos e Ciência Recente". Ao abrir este livro, você não está apenas se deparando com um texto; está prestes a embarcar em uma exploração profunda e reveladora sobre a hipnose, uma prática que, embora envolta em mistérios e preconceitos, possui raízes que se entrelaçam com a história da humanidade e se conecta com a ciência moderna de maneiras surpreendentes.

A hipnose, em sua essência, é uma ferramenta poderosa que transcende culturas e épocas. Desde os antigos rituais de cura até as práticas contemporâneas, sua relevância histórica é inegável. Neste primeiro capítulo, iremos contextualizar a hipnose, definindo-a de forma clara e acessível, e destacando sua evolução ao longo dos séculos. Você descobrirá que a hipnose não é um fenômeno isolado, mas um campo de estudo rico que nos oferece insights valiosos sobre a mente humana e suas potencialidades. Ao longo da história, diferentes culturas utilizaram a hipnose como um meio de acessar estados alterados de consciência, promovendo cura e autoconhecimento. Essa prática, muitas vezes vista com desconfiança, revela-se um elo entre o antigo e o moderno, entre a sabedoria dos nossos antepassados e as descobertas científicas atuais.

O objetivo deste livro é claro: explorar a hipnose antiga e suas teorias, traçando um paralelo com os estudos contemporâneos. À medida que você avançar na leitura, perceberá como a hipnose se entrelaça com a saúde mental e o bem-estar, sendo utilizada como uma ferramenta terapêutica eficaz. Em um mundo onde o estigma muitas vezes envolve a hipnose, nossa intenção é desmistificá-la, tornando-a acessível e compreensível para todos. Queremos que você veja a hipnose não apenas como uma prática exótica, mas como uma habilidade que pode ser aplicada em diversas áreas da vida, desde o autocontrole até a superação de medos e limitações.

Para fundamentar nossa pesquisa, utilizamos uma metodologia abrangente que inclui uma revisão de literatura extensa, análise de estudos de caso e entrevistas com especialistas renomados na área. Você encontrará referências a obras clássicas de figuras como Franz Mesmer e Dave Elman, além de teorias modernas, como a Programação Neurolinguística (PNL) e a teoria polivagal, que nos ajudam a compreender melhor os mecanismos da hipnose. Cada capítulo deste livro foi cuidadosamente estruturado para se relacionar com os objetivos propostos, proporcionando uma experiência de leitura coesa e enriquecedora.

Neste primeiro capítulo, também refletiremos sobre as expectativas que temos em relação ao impacto que esta obra pode ter em você, leitor. Esperamos que, ao final da leitura, você não apenas compreenda melhor a hipnose, mas também se sinta inspirado a explorá-la em sua vida cotidiana. A hipnose é uma ferramenta que pode ajudar a abrir portas para uma nova percepção de si mesmo e do mundo ao seu redor. Convidamos você a manter uma mentalidade aberta e curiosa, permitindo-se mergulhar nos temas que serão discutidos nos capítulos seguintes. Esta é uma jornada de descoberta e aprendizado, e cada página promete trazer novas revelações e insights.

Por fim, quero expressar minha gratidão por você ter escolhido este livro como seu guia nessa exploração. Estou animado para compartilhar com você o que aprendi ao longo de anos de pesquisa e prática. A hipnose e o magnetismo são caminhos que, quando unidos, revelam um universo de possibilidades para a mente humana. Que esta leitura seja uma experiência transformadora e enriquecedora para você.

Com carinho,

Marcelo N. Nader

- Psicanalista (CBO2515-50)
- Hipnoterapeuta especializado em Hipnose não verbal
- Aluno direto do Dr Marco Paret, autoridade mundial em hipnose não verbal, fascinação e Mesmerismo
- Trainer em Hipnose não verbal e Fascinação Hipnótica certificado pela Universitee Europenne
- Certificado como "Cientista da Mente" pelo Centro Psicológico Brasileiro de Ciências da Mente - CPBCM
- Condecorado com a Comenda SIGMUND FREUD emitida pelo Centro Psicológico Brasileiro de Ciências da Mente - CPBCM
- Instrutor de Hipnoterapia
- Palestrante

Capítulo 1: Introdução

A hipnose, frequentemente envolta em mistérios e mal-entendidos, é uma prática que fascina e intriga a humanidade há séculos. A definição de hipnose não se limita a uma simples técnica de indução de transe; ela se estende a um estado profundo de concentração e foco que permite a comunicação direta com a mente subconsciente. Historicamente, a hipnose tem raízes que atravessam culturas e épocas, desde os antigos rituais de cura do Egito até as práticas de hipnoterapia contemporâneas. Sua relevância histórica é inegável, pois, ao longo dos anos, ela se transformou em uma ferramenta valiosa para a compreensão da mente humana e suas potencialidades.

Ao longo dos séculos, a hipnose evoluiu, adaptando-se às necessidades e compreensões de diferentes sociedades. Na Grécia antiga, por exemplo, o sono sagrado era utilizado como uma forma de cura, onde os doentes eram levados a templos para serem tratados por meio de sonhos e visões induzidas. Já no século XVIII, Franz Mesmer introduziu o conceito de magnetismo animal, que, embora controverso, lançou as bases para a hipnose moderna. Essa prática, que antes era vista como algo místico, começou a ser estudada de forma mais científica, revelando seu potencial terapêutico e psicológico.

A importância da hipnose na compreensão da mente humana não pode ser subestimada. Ela nos oferece uma janela para explorar os processos mentais que muitas vezes permanecem ocultos.

Através da hipnose, é possível acessar memórias reprimidas, modificar comportamentos indesejados e até mesmo aliviar dores físicas. A prática, portanto, não é apenas uma curiosidade, mas uma ferramenta poderosa que pode transformar vidas.

Nesse sentido, a medicina reconhece a hipnose como uma ferramenta terapêutica:

- O Conselho Federal de Medicina (CFM) reconheceu a hipnose como uma prática médica valiosa em 1999.
- A hipnose é reconhecida como uma ferramenta terapêutica pelos conselhos de Medicina, Psicologia, Odontologia, Fisioterapia e Enfermagem.
    - A hipnose pode ser usada em diversas áreas, como no tratamento de depressão, fobias, traumas, gagueira, bruxismo, entre outros.
    - Um exemplo é o uso da hipnose no tratamento de depressão, que é basicamente causada pela falta de um hormônio chamado serotonina. A hipnose pode fazer a pessoa vivenciar experiências agradáveis e, consequentemente, produzir mais a substância.
    - Na fisioterapia pode ser usada para controlar e diminuir a percepção de dor, facilitando a realização de movimentos. Na fonoaudiologia é muito usada para ajudar a tratar a gagueira. Na odontologia, pode ser usada para diminuir a produção de saliva e sangramento durante procedimentos, anestesias e também em bruxismo.
    - Na psicoterapia é usada como forma de regressão e ajuda no tratamento de fobias e traumas.

- A hipnose é considerada uma terapia segura quando realizada por um profissional de saúde qualificado e treinado.

A hipnose é usada como complemento de tratamento, e não como tratamento único.

Neste livro, vamos embarcar em uma jornada que conecta o antigo e o moderno, explorando as teorias que fundamentam a hipnose e suas aplicações práticas. A hipnose não é apenas um tema fascinante, mas uma ponte que liga práticas ancestrais a pesquisas contemporâneas, oferecendo uma visão abrangente sobre como podemos utilizar esse conhecimento em benefício da saúde mental e do bem-estar. Convido você, leitor, a se abrir para essa exploração e a descobrir as profundezas da mente humana através da hipnose.

Os objetivos deste livro são claros e fundamentais para a compreensão da hipnose em sua totalidade. Primeiramente, buscamos explorar a hipnose antiga e suas teorias, fazendo uma conexão rica e significativa com os estudos contemporâneos. Ao longo das páginas, iremos desvendar as práticas e crenças que cercam a hipnose desde os tempos antigos, trazendo à luz como essas tradições influenciam as abordagens atuais. Essa investigação não se limita ao passado; ela se estende à análise crítica das contribuições modernas que validam e expandem o uso da hipnose na terapia e na saúde mental.

Um dos pontos centrais deste estudo é enfatizar a conexão entre a hipnose e a saúde mental. A hipnose não é apenas uma técnica de entretenimento ou uma curiosidade científica; ela se revela como uma ferramenta terapêutica poderosa. Pesquisas recentes demonstram sua eficácia no tratamento de condições como ansiedade, depressão, fobias e dor crônica. Ao longo do livro, apresentaremos evidências que sustentam essa relação, mostrando como a hipnose pode ser integrada a métodos terapêuticos tradicionais, proporcionando alívio e cura aos que buscam ajuda.

Além disso, temos a intenção de desmistificar a hipnose, tornando-a acessível ao público em geral. Muitas vezes, a hipnose é cercada de mitos e estigmas que a afastam de sua verdadeira essência. Ao descrever suas aplicações práticas e benefícios, queremos convidar o leitor a olhar além das concepções errôneas e a perceber a hipnose como uma prática legítima e respeitável. Essa desmistificação é crucial para que mais pessoas possam se beneficiar de seus efeitos positivos, seja em contextos clínicos, pessoais ou mesmo em situações cotidianas.

Ao longo do livro, você encontrará uma abordagem equilibrada que combina teoria e prática. Cada capítulo foi cuidadosamente estruturado para construir um entendimento progressivo sobre a hipnose, sempre com o objetivo de enriquecer a experiência do leitor. A conexão entre o antigo e o moderno será uma constante, permitindo que você perceba como esses saberes se entrelaçam e se complementam.

Portanto, ao se aventurar nas páginas seguintes, convido você a refletir sobre a hipnose não apenas como um tema de estudo, mas como uma prática que pode impactar positivamente a vida de muitos. Este livro é uma porta aberta para um universo fascinante, onde a tradição e a ciência caminham juntas em busca do autoconhecimento e da cura. Prepare-se para uma jornada de descobertas que poderá transformar sua percepção sobre a mente humana e suas infinitas potencialidades.

A metodologia deste estudo será fundamental para garantir uma compreensão abrangente e bem fundamentada sobre a hipnose e suas intersecções com o magnetismo. Para isso, adotaremos uma abordagem multidisciplinar, que combina revisão de literatura, análise de estudos de caso e entrevistas com especialistas na área. Essa metodologia permitirá que o leitor não apenas compreenda a hipnose em sua essência, mas também veja como ela se aplica em contextos práticos e terapêuticos.

A revisão de literatura incluirá obras clássicas e contemporâneas que discutem a hipnose e o magnetismo. Entre as fontes primordiais, destacam-se os escritos de Franz Mesmer, que introduziu o conceito de magnetismo animal, e as contribuições de Dave Elman, cuja abordagem inovadora na hipnose conversacional continua a influenciar práticas modernas. Além disso, exploraremos teorias modernas, como a Programação Neurolinguística (PNL) e a Teoria Polivagal, que oferecem novas perspectivas sobre como a hipnose pode ser utilizada para promover mudanças significativas na saúde mental e no comportamento.

A análise de estudos de caso será um componente crucial desta metodologia. Através de exemplos práticos, poderemos ilustrar a eficácia da hipnose em diferentes contextos terapêuticos, mostrando como ela pode ser aplicada no tratamento de condições como ansiedade, depressão e dor crônica. Esses estudos não apenas validarão as teorias apresentadas, mas também fornecerão uma visão realista da experiência dos pacientes e dos resultados alcançados.

As entrevistas com especialistas, incluindo hipnoterapeutas e pesquisadores da área, trarão uma dimensão adicional ao nosso estudo. Esses profissionais compartilharão suas experiências e insights sobre as práticas hipnóticas contemporâneas, oferecendo uma visão interna que enriquecerá a narrativa. As vozes desses especialistas permitirão que o leitor compreenda as nuances e os desafios enfrentados na prática da hipnose, além de destacar as inovações que estão moldando o futuro dessa disciplina.

A estrutura do livro foi cuidadosamente planejada para que cada capítulo se interligue de maneira coesa, refletindo os objetivos propostos. Desde a introdução, que estabelece o contexto histórico e teórico da hipnose, até a conclusão, que sintetiza os principais aprendizados, cada parte do livro foi projetada para guiar o leitor em uma jornada de descoberta e compreensão. Essa sequência lógica não apenas facilita a assimilação do conteúdo, mas também mantém o leitor engajado e curioso para explorar os temas que se desenrolam ao longo das páginas.

Assim, ao longo deste livro, você encontrará uma narrativa que combina teoria e prática, passado e presente, sempre com o intuito de desmistificar a hipnose e mostrar seu valor como uma ferramenta terapêutica. Através dessa metodologia, esperamos que você, leitor, se sinta não apenas informado, mas também inspirado a explorar as possibilidades que a hipnose oferece para a transformação pessoal e o bem-estar.

Expectativas e Impacto

Ao iniciar esta jornada pela hipnose e suas intersecções com o magnetismo, é natural que surjam expectativas sobre o que este livro pode proporcionar. O autor deseja que você, leitor, sinta-se não apenas um espectador, mas um participante ativo nesta exploração. A hipnose, frequentemente envolta em mistério, pode se revelar uma ferramenta poderosa em sua vida cotidiana, oferecendo novas perspectivas e possibilidades de transformação pessoal.

Imagine-se, por um momento, em um cenário onde a hipnose não é apenas uma técnica obscura, mas uma prática acessível e prática. Ao longo deste livro, a intenção é que você descubra como a hipnose pode impactar positivamente sua saúde mental, seu bem-estar e suas interações diárias. Através de exemplos concretos e estudos de caso, você verá que a hipnose não é apenas uma curiosidade científica, mas uma abordagem terapêutica capaz de promover mudanças significativas.

Neste contexto, convido você a adotar uma mentalidade aberta. A hipnose pode parecer, à primeira vista, algo distante ou até mesmo intimidante. No entanto, ao se permitir explorar os conceitos e práticas que serão apresentados, você poderá perceber que a hipnose é uma extensão natural da experiência humana. Através de técnicas simples e acessíveis, é possível acessar partes de sua mente que muitas vezes permanecem ocultas, permitindo que você compreenda melhor suas emoções, comportamentos e padrões de pensamento.

O impacto que a hipnose pode ter em sua vida pode ser profundo. Pense em como ela pode ajudá-lo a superar medos, aliviar tensões e até mesmo melhorar seu desempenho em diversas áreas. A hipnose pode ser uma aliada poderosa na busca por autoconhecimento e cura, permitindo que você se conecte com sua essência de uma forma mais profunda e significativa.

Ao longo das páginas seguintes, você encontrará não apenas teorias e conceitos, mas também práticas que podem ser aplicadas em sua vida. Cada capítulo foi elaborado para guiá-lo em uma jornada de descoberta, onde a teoria se entrelaça com a prática. A hipnose não é um fenômeno isolado; ela é uma ponte que conecta o passado ao presente, unindo saberes antigos com os avanços da ciência moderna.

Portanto, prepare-se para uma viagem que pode transformar sua maneira de ver a si mesmo e ao mundo ao seu redor. Ao se abrir para a hipnose, você poderá não apenas aprender sobre suas técnicas e aplicações, mas também se permitir experimentar seus efeitos. Este livro é um convite à curiosidade, à reflexão e à ação. Que cada página inspire você a explorar as profundezas da mente humana e a descobrir as infinitas possibilidades que a hipnose pode oferecer.

Capítulo 2: A História da Hipnose

As raízes da hipnose se entrelaçam com as histórias de civilizações antigas, onde práticas que hoje reconhecemos como hipnóticas eram frequentemente utilizadas como métodos de cura e conexão espiritual. No Egito, os sacerdotes utilizavam rituais de sono sagrado, onde os doentes eram levados a templos para serem tratados. Esses rituais não apenas buscavam a cura física, mas também a purificação espiritual. Os pacientes eram submetidos a estados alterados de consciência, muitas vezes induzidos por canções, danças ou a atmosfera mística dos templos, permitindo-lhes acessar partes mais profundas de suas almas.

Na Grécia antiga, a hipnose era vista como um meio de comunicação com os deuses. Os gregos acreditavam que o sono sagrado poderia proporcionar visões e revelações. O famoso templo de Asclépio, o deus da medicina, era um local onde os doentes buscavam cura através de sonhos proféticos. Os pacientes eram acomodados em um ambiente tranquilo, onde se entregavam ao sono, esperando receber orientação divina. Essa prática não só refletia a crença na cura espiritual, mas também a importância da mente na saúde física.

Os romanos, por sua vez, herdaram essas tradições e as adaptaram. Em suas práticas de medicina, a hipnose era utilizada para aliviar dores e tratar doenças. Os médicos romanos, como Galeno, reconheciam a conexão entre a mente e o corpo, e utilizavam técnicas de relaxamento e sugestão para ajudar os pacientes a enfrentarem suas aflições. A ideia de que a mente poderia influenciar o corpo estava se consolidando, preparando o terreno para o que viria a ser a hipnose moderna.

Essas civilizações antigas nos mostram que a hipnose não é um fenômeno recente ou isolado. Desde os tempos remotos, a humanidade buscou formas de acessar estados alterados de consciência para curar, compreender e se conectar com algo maior. As práticas hipnóticas eram frequentemente vistas como sagradas, uma forma de entrar em contato com o divino e acessar conhecimentos ocultos. Essa conexão espiritual, aliada à busca pela cura física, estabeleceu as bases para o desenvolvimento da hipnose ao longo dos séculos.

As crenças associadas à hipnose nas culturas antigas revelam uma visão holística do ser humano, onde a mente e o corpo não eram vistos como entidades separadas, mas sim como partes interligadas de um todo. Essa compreensão é fundamental para a prática da hipnose, que hoje busca integrar a mente e o corpo para promover a saúde e o bem-estar. Ao refletirmos sobre essas raízes, percebemos que a hipnose é uma prática profundamente enraizada na história da humanidade, uma ponte que conecta o passado ao presente e que continua a oferecer insights valiosos sobre a condição humana.

A partir dessas práticas ancestrais, podemos observar como a hipnose evoluiu ao longo do tempo, adaptando-se às necessidades e compreensões de cada época. Essa evolução não foi linear, e a hipnose enfrentou desafios e resistências ao longo de sua história. No entanto, suas raízes profundas nas civilizações antigas permanecem como um testemunho de seu valor e relevância. Essa jornada nos convida a explorar mais a fundo as transformações que a hipnose sofreu, desde suas práticas místicas até sua consolidação como uma técnica respeitada na medicina moderna.

A evolução da hipnose ao longo da história é um testemunho fascinante de como essa prática se adaptou e se transformou, refletindo as mudanças culturais e científicas de cada época. Desde suas raízes em rituais de cura nas civilizações antigas até seu reconhecimento como uma técnica terapêutica respeitável, a hipnose passou por um processo de amadurecimento que merece ser explorado em detalhe.

No início, a hipnose era frequentemente envolta em misticismo e espiritualidade. Civilizações como os egípcios, gregos e romanos utilizavam práticas hipnóticas em contextos de cura e rituais religiosos. Os sacerdotes egípcios, por exemplo, conduziam cerimônias que envolviam estados alterados de consciência para se conectar com o divino e buscar a cura de doenças. Essa ligação entre a hipnose e a espiritualidade era tão forte que muitos acreditavam que os hipnotizados eram canais para a comunicação com forças superiores.

À medida que o tempo avançava, a hipnose começou a ser vista sob uma nova luz. Pensadores como Paracelso, no século XVI, começaram a questionar as explicações místicas e a buscar uma base mais racional para a prática. Paracelso, um médico e alquimista, defendia a ideia de que o magnetismo e a hipnose poderiam ser utilizados para tratar doenças, propondo que a energia vital poderia ser manipulada para promover a cura. Essa perspectiva foi um marco importante, pois começou a transitar a hipnose de um domínio puramente espiritual para um campo mais científico.

Entretanto, essa transição não foi isenta de desafios. Ao longo dos séculos, a hipnose enfrentou resistência da comunidade médica, que muitas vezes a associava ao ocultismo e ao charlatanismo. A desconfiança em relação à hipnose era alimentada por relatos sensacionalistas e pela falta de evidências científicas robustas que respaldassem suas práticas. Essa percepção negativa moldou a forma como a hipnose era vista pela sociedade, dificultando sua aceitação como uma ferramenta legítima de cura.

Foi somente no século XVIII, com a figura de Franz Mesmer, que a hipnose começou a ganhar um novo status. Mesmer introduziu o conceito de magnetismo animal, que propunha a ideia de que todos os seres vivos eram permeados por um fluido magnético que poderia ser manipulado para a cura. Suas demonstrações públicas, nas quais ele utilizava técnicas hipnóticas, atraíram a atenção de muitos e, ao mesmo tempo, geraram controvérsias. Embora Mesmer tenha enfrentado críticas severas, suas ideias plantaram as sementes para o desenvolvimento da hipnose moderna.

A partir de Mesmer, a hipnose começou a se estruturar como uma disciplina mais formal. O trabalho de James Braid, no século XIX, foi crucial nesse processo. Braid, um cirurgião escocês, é frequentemente considerado o pai da hipnose moderna. Ele propôs que a hipnose era um estado de foco concentrado, distinto do sono, e desenvolveu técnicas que ainda são utilizadas hoje. Sua abordagem científica e sistemática ajudou a legitimar a hipnose como uma prática terapêutica, afastando-a das associações com o ocultismo.

Com o passar do tempo, a hipnose continuou a evoluir, incorporando novas descobertas científicas e se adaptando às necessidades da sociedade. A resistência inicial foi gradualmente substituída por um reconhecimento crescente de seu potencial terapêutico. Hoje, a hipnose é amplamente utilizada em contextos clínicos, com evidências que demonstram sua eficácia no tratamento de uma variedade de condições, incluindo ansiedade, dor crônica e fobias.

Essa jornada da hipnose, desde suas raízes antigas até sua aceitação na medicina contemporânea, ilustra não apenas a resiliência da prática, mas também a capacidade da humanidade de transformar o desconhecido em algo respeitado e valioso. Ao olharmos para o passado, podemos entender melhor as bases sobre as quais a hipnose se sustenta e, assim, explorar seu potencial para o futuro. Essa evolução contínua nos convida a refletir sobre como a hipnose pode ser uma ferramenta poderosa na busca pelo autoconhecimento e pela cura, conectando saberes antigos com as mais recentes pesquisas científicas.

Franz Mesmer, uma figura emblemática do século XVIII, foi um dos primeiros a sistematizar a hipnose sob a forma que conhecemos hoje. Nascido em 1734, na Alemanha, Mesmer era um médico que se destacou por suas teorias sobre o magnetismo animal, uma ideia que sugeria que existia uma força invisível que poderia ser manipulada para curar doenças. Essa força, segundo ele, era capaz de influenciar tanto o corpo quanto a mente, estabelecendo uma conexão direta entre os dois.

Mesmer acreditava que a saúde era resultado do equilíbrio entre as forças que atuavam no corpo e que, ao restaurar esse equilíbrio, era possível curar uma variedade de condições. Suas sessões frequentemente envolviam a utilização de "barras de ferro" e água magnetizada, que ele acreditava serem conduítes para a energia curativa. O ambiente em que essas sessões ocorriam era cuidadosamente preparado, com luzes suaves e músicas que promoviam um estado de relaxamento profundo, preparando os pacientes para a experiência hipnótica.

Embora suas práticas tenham atraído muitos seguidores, Mesmer também enfrentou críticas severas. A comunidade científica da época, cética quanto às suas teorias, desafiou a validade de suas afirmações. Em 1784, uma comissão real, incluindo figuras como Benjamin Franklin, foi convocada para investigar as alegações de Mesmer. O resultado foi a conclusão de que os efeitos observados não eram resultado do magnetismo, mas sim da sugestão e da expectativa dos pacientes. Essa descoberta, embora tenha descreditado o magnetismo animal, abriu caminho para uma nova compreensão da hipnose, destacando a importância do poder da mente e da sugestão.

Após a controvérsia em torno de Mesmer, outros pensadores começaram a se interessar pela hipnose. James Braid, um cirurgião escocês, foi um dos primeiros a descrever a hipnose de uma maneira mais científica. Ele cunhou o termo "hipnose" em 1841, derivado da palavra grega "hypnos", que significa sono. Braid acreditava que a hipnose era um estado de atenção concentrada, distinto do sono, e desenvolveu técnicas que ainda são utilizadas na prática moderna.

A transição de Mesmer para Braid ilustra a evolução do entendimento sobre a hipnose. Enquanto Mesmer focava em uma abordagem mística e energética, Braid trouxe uma perspectiva mais racional e científica, que ajudou a legitimar a hipnose como uma prática terapêutica. Essa mudança de paradigma foi crucial para a aceitação da hipnose na medicina, permitindo que ela fosse integrada a tratamentos clínicos e psicológicos.

Assim, o legado de Mesmer, embora controverso, foi fundamental para o desenvolvimento da hipnose moderna. Sua busca por compreender a conexão entre mente e corpo lançou as bases para futuras investigações e práticas, que hoje reconhecem a hipnose como uma ferramenta poderosa para a cura e o autoconhecimento. O impacto de suas teorias ainda ressoa nas práticas contemporâneas, onde a hipnose é utilizada não apenas para tratar condições físicas, mas também para explorar a profundidade da psique humana e promover transformações significativas na vida das pessoas.

A consolidação da hipnose como técnica terapêutica no século XIX foi um marco significativo na história da medicina e da psicologia. Esse período viu a transição da hipnose de uma prática frequentemente desacreditada para uma ferramenta reconhecida e respeitada, utilizada em contextos clínicos e terapêuticos. A figura de James Braid, um cirurgião escocês, foi fundamental nesse processo. Ele não apenas introduziu o termo "hipnose", mas também desenvolveu uma abordagem sistemática e científica para a prática.

Braid, ao observar os efeitos da hipnose em seus pacientes, começou a formular suas próprias teorias sobre o fenômeno. Para ele, a hipnose não era um estado de sono, como muitos acreditavam, mas sim um estado de foco concentrado. Essa compreensão revolucionou a forma como a hipnose era vista, afastando-a das associações místicas e colocando-a no domínio da ciência. Braid utilizava métodos de indução que envolviam a fixação do olhar e a sugestão verbal, criando um ambiente propício para que os pacientes entrassem em um estado de relaxamento profundo.

As contribuições de Braid foram além da teoria; ele também enfatizou a importância da sugestão e da expectativa do paciente. Ele acreditava que a eficácia da hipnose estava intimamente ligada à crença do indivíduo em sua capacidade de ser hipnotizado. Essa ideia de que a mente desempenha um papel crucial no processo terapêutico foi um avanço significativo, pois lançou as bases para futuras investigações sobre o poder da sugestão e da autoeficácia.

À medida que a hipnose ganhava reconhecimento, outros profissionais começaram a explorar suas aplicações práticas. A hipnose passou a ser utilizada para tratar uma variedade de condições, incluindo dor crônica, ansiedade e fobias. Médicos e psicólogos começaram a integrar a hipnose em suas práticas, reconhecendo seu potencial para promover mudanças significativas na saúde mental e no bem-estar dos pacientes.

No entanto, a jornada da hipnose não foi isenta de desafios. Apesar de seu crescente reconhecimento, a prática ainda enfrentava resistência e ceticismo, especialmente por parte de alguns membros da comunidade médica. A associação da hipnose com o ocultismo e o espetáculo ainda persistia, dificultando sua aceitação generalizada. Era necessário um esforço contínuo para educar o público e os profissionais sobre os benefícios e a legitimidade da hipnose como uma abordagem terapêutica.

O legado de Braid e de outros pioneiros desse período foi crucial para a evolução da hipnose. Suas contribuições ajudaram a moldar a prática moderna, estabelecendo um elo entre as teorias do passado e as aplicações contemporâneas. A hipnose, que antes era vista como uma curiosidade, começou a ser reconhecida como uma disciplina respeitável, com um potencial significativo para transformar vidas.

Hoje, ao refletirmos sobre a trajetória da hipnose, é evidente que suas raízes históricas e os desenvolvimentos ao longo do tempo continuam a influenciar a prática contemporânea. A hipnose se consolidou como uma ferramenta poderosa na medicina e na psicologia, oferecendo uma abordagem única para o tratamento de diversas condições. Essa evolução não apenas destaca a resiliência da hipnose, mas também a capacidade da humanidade de integrar saberes antigos com novas descobertas, promovendo um entendimento mais profundo da mente humana e suas potencialidades.

Capítulo 3: As Raízes Filosóficas da Hipnose - Tales de Mileto

A história da hipnose é marcada por uma evolução rica e complexa, com raízes que se entrelaçam no pensamento da filosofia ocidental. Para compreender a hipnose em sua essência, é necessário voltar ao século VI a.C. e estudar Tales de Mileto, frequentemente considerado o primeiro filósofo da história. Tales não era apenas um pensador; ele era um visionário que buscava explicações racionais para o mundo ao seu redor, em contraste com as abordagens baseadas em mitos e superstições.

A proposta de Tales de que a água era o elemento primordial de todas as coisas representou uma tentativa inovadora de identificar uma causa unificadora na diversidade do universo. Apesar de sua simplicidade aparente, essa ideia reflete um desejo profundo de entender o que está além do visível, um conceito que ressoa nos princípios fundamentais da hipnose.

Embora Tales não tenha abordado explicitamente a mente ou a consciência, seu método de buscar causas naturais para fenômenos observáveis trilhou o caminho para reflexões futuras sobre a psique humana. Ao rejeitar explicações sobrenaturais, seus pensamentos estabeleceram uma base sólida para que pensadores posteriores investigassem a essência da mente de maneira científica.

A hipnose, em sua natureza, envolve a exploração de estados alterados de consciência. Essa busca por compreender tais estados teria sido impossível sem a fundação estabelecida por figuras como Tales, que enfatizava a observação e a experiência direta. Seu enfoque encorajou investigações sobre a forma como a percepção humana pode ser influenciada e alterada.

Apesar dos séculos que separam Tales das práticas hipnóticas contemporâneas, a linha de raciocínio que ele iniciou ainda é evidente. A hipnose investiga as profundezas da mente, buscando elucidar como sugestões e percepções moldam a realidade de um indivíduo. Essa abordagem da mente como um fenômeno natural, suscetível a métodos de estudo, é um legado direto do racionalismo de Tales de Mileto.

Compreender a hipnose exige mais do que familiaridade com técnicas terapêuticas atuais; implica uma apreciação de sua trajetória histórica. Tales, ao questionar sua realidade e buscar explicações racionais, lançou as bases para uma compreensão mais profunda da mente e da consciência. Sua contribuição reforça a importância de observar e questionar, princípios que continuam a guiar a prática hipnótica atual.

A jornada para desvendar os mistérios da mente, portanto, começa muito antes do que comumente se imagina.

Capítulo 4: Franz Mesmer e o Magnetismo Animal

A vida de Franz Mesmer é um fascinante entrelaçar de curiosidade, inovação e desafios. Nascido em 1734, na cidade de Iznang, na Alemanha, Mesmer cresceu em um ambiente que o incentivava a questionar e explorar. Desde cedo, demonstrou uma mente inquieta, interessando-se pela filosofia e pela medicina. Sua formação acadêmica, marcada por estudos em direito e medicina, foi profundamente influenciada pelo Iluminismo, um movimento que valorizava a razão e a busca pelo conhecimento. Essa base filosófica seria crucial para o desenvolvimento de suas teorias.

À medida que Mesmer se aprofundava na medicina, ele começou a perceber que muitos dos tratamentos da época eram limitados e frequentemente ineficazes. Esse entendimento o levou a explorar métodos alternativos de cura, e foi nesse contexto que ele começou a formular suas ideias sobre o que mais tarde chamaria de "magnetismo animal". Mesmer acreditava que existia uma força invisível que fluía entre os seres humanos, influenciando sua saúde física e mental. Essa visão desafiava as normas estabelecidas e o levou a desenvolver práticas que combinavam elementos de cura física com a manipulação dessa energia.

As primeiras experiências de Mesmer com o magnetismo animal ocorreram em Viena, onde ele começou a realizar sessões que atraíam a atenção de muitos. Ele utilizava "barras de ferro" e água magnetizada, acreditando que esses objetos poderiam canalizar a energia curativa. O ambiente de suas sessões era cuidadosamente preparado, com luzes suaves e música suave, criando uma atmosfera propícia para que os pacientes se entregassem ao processo. Mesmer não apenas tratava doenças físicas, mas também buscava curar as aflições emocionais de seus pacientes, reconhecendo a interconexão entre corpo e mente.

O magnetismo animal, segundo Mesmer, era uma força que poderia ser manipulada para restaurar o equilíbrio no corpo. Ele acreditava que as doenças eram resultado de bloqueios nessa energia, e que, ao restabelecer o fluxo, era possível promover a cura. Essa ideia, embora revolucionária, também era vista com ceticismo por muitos contemporâneos. A medicina tradicional da época, ainda muito ligada a práticas mais convencionais, não estava pronta para aceitar essas novas abordagens.

À medida que suas práticas se tornavam mais populares, Mesmer começou a atrair tanto seguidores quanto críticos. Enquanto muitos elogiavam suas técnicas e relatavam melhorias em suas condições, outros viam suas práticas como charlatanismo. Essa polarização gerou um ambiente de controvérsia que o acompanharia ao longo de sua carreira. Mesmer, no entanto, continuou a explorar suas ideias e a desenvolver suas técnicas, convencido de que estava no caminho certo para desvendar os mistérios da mente e do corpo.

A trajetória de Franz Mesmer é, portanto, um testemunho de como a busca pelo conhecimento e a disposição para desafiar normas estabelecidas podem levar a avanços significativos. Sua vida e suas contribuições não apenas moldaram a hipnose como a conhecemos hoje, mas também abriram portas para a exploração de novas fronteiras na medicina e na psicologia. O legado de Mesmer continua a ressoar, lembrando-nos da importância de questionar, explorar e inovar na busca por soluções para os desafios da condição humana.

O magnetismo animal, conceito inovador proposto por Franz Mesmer, revelou-se uma abordagem fascinante para a cura e o bem-estar. Mesmer acreditava que existia uma força vital que permeava todos os seres, uma energia que poderia ser manipulada para restaurar a saúde e o equilíbrio emocional.

As sessões de Mesmer eram verdadeiros rituais, onde a expectativa dos pacientes desempenhava um papel crucial na eficácia do tratamento. Ele observava que, ao se entregarem ao processo, muitos relataram experiências de cura não apenas física, mas também emocional. A conexão entre mente e corpo era, para Mesmer, um princípio fundamental; ele entendia que as doenças eram frequentemente manifestações de bloqueios energéticos e que ao liberar essa energia, poderia ser promovida a cura.

A recepção pública a essas práticas variava. Enquanto muitos se mostravam fascinados e buscavam suas sessões, outros viam no magnetismo animal uma forma de charlatanismo. Essa polarização gerou um ambiente de controvérsia, onde a ciência da época ainda lutava para entender a relação entre a mente e o corpo. Mesmer, com sua abordagem audaciosa, desafiou as normas estabelecidas e, mesmo diante das críticas, continuou a aprofundar suas investigações.

O magnetismo animal, embora tenha sido desacreditado por muitos, plantou as sementes para a hipnose moderna. A ideia de que a sugestão e a expectativa do paciente poderiam influenciar o resultado do tratamento foi um passo importante na evolução das práticas terapêuticas. Através de suas experiências, Mesmer não apenas abriu portas para novas possibilidades de cura, mas também lançou as bases para que outros, como James Braid, pudessem desenvolver a hipnose como a conhecemos hoje.

Assim, o legado de Mesmer permanece vivo, lembrando-nos da importância de explorar as interconexões entre mente e corpo. Suas práticas, embora envoltas em controvérsia, nos convidam a refletir sobre o poder da sugestão e da energia vital, elementos que continuam a ser explorados na busca por saúde e bem-estar. No fim das contas, a jornada de Mesmer é um testemunho da resiliência do espírito humano e da incessante busca por compreensão e cura.

As críticas que Franz Mesmer enfrentou ao longo de sua carreira foram um reflexo das tensões entre inovação e conservadorismo que permeavam a sociedade do século XVIII. À medida que suas práticas de magnetismo animal ganhavam notoriedade, a recepção pública se dividia. Enquanto muitos pacientes relatavam curas impressionantes e experiências transformadoras, a comunidade científica permanecia cética, questionando a validade de suas alegações e a base teórica que sustentava suas práticas.

Em 1784, a controvérsia atingiu seu ápice quando uma comissão real foi convocada para investigar as práticas de Mesmer. Composta por figuras proeminentes da época, incluindo o famoso cientista Benjamin Franklin, a comissão buscava esclarecer se o magnetismo animal era uma força real ou apenas um efeito placebo. Após cuidadosa análise, a conclusão foi clara: os efeitos observados nas sessões de Mesmer não eram resultado de um magnetismo genuíno, mas sim da sugestão e da expectativa dos pacientes. Essa descoberta, embora tenha desacreditado o magnetismo animal, abriu portas para uma nova compreensão da hipnose.

As reações à comissão foram variadas. Para Mesmer, o descredito de suas teorias foi um golpe duro, mas ele não se deixou abater. Continuou a defender suas ideias, argumentando que a crítica não invalidava a experiência subjetiva dos pacientes que se beneficiavam de suas sessões. Essa resistência à crítica e a persistência em suas convicções se tornaram características marcantes de sua trajetória.

Enquanto Mesmer lutava para manter sua posição, a hipnose começou a ser reinterpretada sob uma nova luz, destacando a importância do poder da mente e da sugestão. As controvérsias em torno de suas práticas, embora desafiadoras, contribuíram para moldar a percepção pública da hipnose e prepararam o terreno para futuros desenvolvimentos na área. A resistência que Mesmer encontrou não foi apenas um obstáculo, mas também um catalisador que impulsionou a investigação científica sobre a hipnose, levando a uma busca mais rigorosa por evidências e validações.

O legado de Mesmer é, portanto, complexo e multifacetado. Embora suas ideias tenham sido inicialmente desacreditadas, elas também plantaram as sementes para o entendimento moderno da hipnose. A transição de uma prática envolta em misticismo para uma abordagem mais científica foi um passo crucial na evolução da hipnose como técnica terapêutica. As críticas e controvérsias que Mesmer enfrentou não apenas moldaram sua trajetória, mas também contribuíram para a construção de um campo que hoje é reconhecido e respeitado na medicina e na psicologia.

Ao refletirmos sobre a vida e as lutas de Franz Mesmer, somos lembrados da importância da resiliência diante da adversidade. Sua história é um testemunho de como a inovação pode desafiar as normas estabelecidas e, ao mesmo tempo, abrir novos caminhos para a compreensão da mente humana. A hipnose, em sua essência, é uma prática que continua a evoluir, e o legado de Mesmer permanece como uma inspiração para aqueles que buscam explorar as profundezas da consciência e do potencial humano.

O legado de Franz Mesmer na hipnose moderna é um tema que ecoa através dos séculos, refletindo a complexidade e a evolução das práticas hipnóticas. Embora suas teorias sobre o magnetismo animal tenham sido amplamente desacreditadas, a essência de suas ideias sobre a influência da mente na cura continua a ressoar nas práticas contemporâneas. Mesmer, com sua visão inovadora, desafiou as normas estabelecidas e abriu caminho para que outros explorassem as profundezas do potencial humano.

As contribuições de Mesmer não se limitam apenas ao seu tempo; elas foram reinterpretadas e integradas por hipnoterapeutas subsequentes, como James Braid e Dave Elman, que, inspirados em suas ideias, buscaram entender melhor a dinâmica da hipnose. Braid, por exemplo, transformou a hipnose em uma prática mais sistemática e científica, distanciando-a do misticismo que a cercava. Ele enfatizou a importância do estado de foco concentrado, um conceito que se tornou fundamental para a hipnose moderna. Através de suas técnicas, Braid estabeleceu uma base sólida para a prática hipnótica, que ainda hoje é utilizada e respeitada.

Dave Elman, por sua vez, trouxe uma nova abordagem à hipnose, focando na hipnose conversacional e na eficácia rápida das induções hipnóticas. Suas técnicas revolucionaram a forma como a hipnose é aplicada em contextos clínicos, permitindo que terapeutas trabalhassem de maneira mais eficaz e acessível. A intersecção entre as ideias de Mesmer e as inovações de Elman é um exemplo claro de como o legado de um pensador pode influenciar gerações futuras, moldando práticas que se tornam essenciais na saúde mental e no bem-estar.

Além disso, o magnetismo animal, embora não reconhecido como uma força real, introduziu a ideia de que a energia e a intenção do terapeuta poderiam impactar o estado mental e emocional do paciente. Essa noção se alinha com os princípios modernos da hipnose, onde a sugestão e a expectativa desempenham papéis cruciais no processo terapêutico. A capacidade de um terapeuta de criar um ambiente seguro e acolhedor, onde o paciente se sinta à vontade para explorar sua mente, é uma habilidade que Mesmer, em sua essência, já vislumbrava.

Refletindo sobre a importância de Mesmer na história da hipnose, é evidente que sua coragem em desafiar as convenções e sua busca incessante por compreensão abriram portas para avanços significativos na medicina e na psicologia. O caminho que ele trilhou, repleto de controvérsias e desafios, não apenas moldou sua própria trajetória, mas também lançou as bases para uma prática que se tornaria uma ferramenta terapêutica reconhecida e respeitada.

Hoje, ao olharmos para o campo da hipnose, reconhecemos que o legado de Mesmer é mais do que uma curiosidade histórica; é uma fonte de inspiração que nos lembra da importância de questionar, explorar e inovar. A hipnose, com suas raízes profundas e seu potencial transformador, continua a evoluir, e o espírito pioneiro de Mesmer permanece vivo em cada sessão hipnótica, em cada terapeuta que busca ajudar seus pacientes a se reconectarem com seu próprio poder interior.

Capítulo 5: A Evolução da Hipnose na Era Moderna

O século XIX foi um período de transformação significativa, onde a hipnose começou a emergir como uma prática respeitável, transcendendo as sombras do misticismo que a cercavam. Esse cenário histórico e social foi marcado por mudanças culturais profundas, impulsionadas pela Revolução Industrial e pelos avanços nas ciências médicas. A sociedade estava em ebulição, e com ela surgiram novas ideias e abordagens que questionavam as tradições estabelecidas. Nesse contexto, a hipnose começou a ser vista não apenas como um fenômeno curioso, mas como uma potencial ferramenta terapêutica.

A Revolução Industrial trouxe consigo um novo modo de vida, onde o progresso científico e as inovações tecnológicas começaram a moldar a percepção pública sobre a saúde e o bem-estar. Com o surgimento de novas práticas médicas, a hipnose encontrou um espaço para se inserir nas discussões sobre tratamento e cura. Médicos e cientistas começaram a se interessar por essa técnica, reconhecendo que a mente humana poderia ter um papel crucial na recuperação da saúde física.

Nesse ambiente de curiosidade e inovação, figuras proeminentes começaram a se destacar, contribuindo para a aceitação gradual da hipnose. Entre elas, James Braid se destacou como um dos pioneiros que sistematizou a hipnose, distanciando-a das práticas místicas de Mesmer. Braid introduziu o termo "hipnose" e enfatizou a importância do estado de foco concentrado, uma abordagem que se tornaria fundamental para a prática hipnótica moderna. Sua dedicação em compreender os mecanismos da hipnose e suas aplicações terapêuticas foi um marco na evolução da hipnose, estabelecendo-a como uma disciplina respeitada.

Além disso, a crescente aceitação da hipnose também foi impulsionada pela busca por métodos alternativos de tratamento, especialmente em um período em que a medicina convencional ainda lutava para encontrar soluções eficazes para várias condições. A hipnose começou a ser utilizada em contextos clínicos, mostrando-se eficaz em uma variedade de aplicações, desde o controle da dor até o tratamento de distúrbios emocionais. Essa versatilidade atraiu a atenção de profissionais da saúde e, gradualmente, a hipnose passou a ser integrada nas práticas médicas e psicológicas.

A mudança de percepção em relação à hipnose não se limitou apenas ao campo médico. A cultura popular também começou a abraçar a hipnose, alimentando um interesse crescente por suas potencialidades. Livros, palestras e demonstrações públicas contribuíram para a disseminação do conhecimento sobre a hipnose, tornando-a uma prática mais acessível e compreensível para o público em geral. Essa popularização ajudou a desestigmatizar a hipnose, permitindo que mais pessoas se beneficiassem de suas técnicas.

Assim, o contexto histórico e social do século XIX foi fundamental para a evolução da hipnose. As mudanças culturais, os avanços científicos e a crescente aceitação pública criaram um ambiente propício para que a hipnose emergisse como uma prática respeitável e eficaz. À medida que as ideias sobre a mente e o corpo se expandiam, a hipnose se firmava como uma ferramenta valiosa na busca por cura e bem-estar, preparando o terreno para os desenvolvimentos que viriam nas próximas décadas.

James Braid, um nome que ecoa na história da hipnose, foi um dos primeiros a sistematizar essa prática, transformando-a de um fenômeno misterioso em uma técnica terapêutica respeitável. Nascido em 1795, na Escócia, Braid era um médico que, ao se deparar com as experiências hipnóticas de outros, sentiu a necessidade de entender e estruturar essa prática de maneira mais científica.

O momento decisivo de sua carreira ocorreu quando Braid assistiu a uma demonstração de hipnose que o deixou intrigado. Em vez de se deixar levar pelo misticismo que cercava a hipnose na época, ele decidiu investigar suas bases. A partir de suas observações, Braid desenvolveu suas próprias técnicas e introduziu o termo "hipnose", derivado da palavra grega "hypnos", que significa sono. Para ele, a hipnose era um estado de concentração profunda, onde a mente se tornava altamente receptiva à sugestão.

Braid enfatizava a importância do estado de foco concentrado, que ele acreditava ser essencial para a eficácia da hipnose. Ele não via a hipnose como um estado de sono, mas sim como uma forma de atenção intensa. Em suas práticas, utilizava a fixação do olhar em um objeto, como um relógio, para induzir esse estado. Essa técnica, conhecida como "indução hipnótica", permitiu que muitos pacientes experimentassem uma sensação de relaxamento profundo, facilitando o acesso a suas emoções e memórias.

As contribuições de Braid não se limitaram apenas a técnicas de indução. Ele também explorou os efeitos da hipnose em diversos contextos clínicos, tratando desde dores crônicas até distúrbios emocionais. Seus estudos e publicações ajudaram a legitimar a hipnose como uma prática médica, promovendo uma nova compreensão sobre a interação entre mente e corpo. Braid defendia que a hipnose poderia ser uma ferramenta poderosa para a cura, pois permitia aos pacientes acessarem partes de suas mentes que, de outra forma, permaneceriam ocultas.

Um dos aspectos mais notáveis do trabalho de Braid foi sua abordagem ética. Ele acreditava firmemente na importância do consentimento informado e na responsabilidade do hipnoterapeuta em guiar seus pacientes de forma segura. Essa ênfase na ética se tornaria um pilar fundamental para a prática hipnótica moderna.

À medida que suas ideias se espalhavam, Braid se tornou uma figura respeitada na comunidade médica. Ele fundou sociedades hipnóticas e promoveu conferências, onde compartilhava seus conhecimentos e experiências. Sua paixão pela hipnose e seu compromisso com a pesquisa científica ajudaram a moldar a percepção pública sobre essa prática, afastando-a das conotações místicas que a cercavam.

James Braid não apenas transformou a hipnose em uma técnica respeitável, mas também lançou as bases para futuras gerações de hipnoterapeutas. Sua visão inovadora e suas contribuições significativas continuam a influenciar a prática hipnótica até os dias de hoje, lembrando-nos da importância de explorar e entender a mente humana em toda a sua complexidade. A jornada de Braid é um testemunho do poder da curiosidade e da determinação em desafiar as normas estabelecidas, abrindo novos caminhos para a compreensão da hipnose e suas aplicações na medicina.

A aceitação da hipnose na medicina e na psicologia foi um processo gradual, mas significativo, que transformou essa prática em uma ferramenta terapêutica respeitada. À medida que o século XIX avançava, os primeiros estudos começaram a surgir, validando a hipnose como uma abordagem eficaz para diversas condições. Profissionais da saúde começaram a se interessar por suas aplicações, reconhecendo que a hipnose poderia oferecer soluções inovadoras para problemas que a medicina convencional ainda lutava para tratar.

Um dos marcos nesse processo foi a formação de sociedades hipnóticas, que reuniram médicos e pesquisadores em busca de um entendimento mais profundo sobre a hipnose. Essas instituições desempenharam um papel crucial na disseminação do conhecimento e na promoção de práticas éticas. A troca de experiências e resultados clínicos entre os membros dessas sociedades ajudou a consolidar a hipnose como uma prática legítima dentro da comunidade médica.

Os primeiros estudos científicos, que investigaram a hipnose sob uma perspectiva mais rigorosa, também foram fundamentais para sua aceitação. Pesquisadores começaram a conduzir experimentos controlados, analisando os efeitos da hipnose em diferentes contextos, como no controle da dor e no tratamento de distúrbios emocionais. Esses estudos demonstraram que a hipnose não era apenas um fenômeno curioso, mas sim uma técnica que poderia produzir resultados mensuráveis e positivos na saúde dos pacientes.

Casos clínicos começaram a ser documentados, apresentando relatos de pacientes que experimentaram alívio significativo de dores crônicas, redução de ansiedade e até mesmo remissão de sintomas psicossomáticos. Esses testemunhos foram essenciais para mudar a percepção pública sobre a hipnose, mostrando que ela poderia ser uma alternativa viável e eficaz em tratamentos médicos.

Além disso, a interação entre a hipnose e outras disciplinas, como a psicologia, também contribuiu para sua aceitação. Psicólogos começaram a integrar a hipnose em suas práticas, reconhecendo seu potencial para acessar partes da mente que muitas vezes permaneciam inacessíveis em abordagens terapêuticas tradicionais. A hipnose permitiu que terapeutas explorassem questões emocionais profundas, ajudando os pacientes a confrontarem traumas e bloqueios que dificultavam seu bem-estar.

A construção de um corpo de conhecimento sólido em torno da hipnose foi um passo essencial para sua legitimação. As publicações de artigos científicos e livros sobre técnicas hipnóticas e seus efeitos terapêuticos começaram a se multiplicar, permitindo que a prática se tornasse mais acessível e compreensível para profissionais da saúde. A disseminação desse conhecimento ajudou a estabelecer a hipnose como uma prática respeitada e, em muitos casos, uma opção de tratamento preferencial.

Em suma, a aceitação da hipnose na medicina e na psicologia foi um processo que envolveu a colaboração de profissionais comprometidos com a pesquisa e a prática ética. O reconhecimento da hipnose como uma ferramenta terapêutica eficaz não apenas transformou a forma como a saúde mental e física é abordada, mas também abriu portas para novas possibilidades de cura e autodescoberta. À medida que a hipnose continuava a evoluir, sua integração nas práticas médicas e psicológicas se consolidava, preparando o caminho para um futuro em que a mente e o corpo seriam vistos como interconectados em sua busca por saúde e bem-estar.

A hipnose no século XX passou por uma transformação significativa, consolidando-se como uma prática terapêutica respeitada e amplamente reconhecida. A evolução das técnicas hipnóticas e a crescente aceitação da hipnose na comunidade médica foram impulsionadas por uma série de inovações e contribuições de hipnoterapeutas notáveis. Essa era trouxe consigo uma nova compreensão sobre a mente humana e suas interações com o corpo, estabelecendo a hipnose como uma ferramenta poderosa na busca por cura e autoconhecimento.

Um dos marcos dessa evolução foi a introdução da hipnose ericksoniana, desenvolvida por Milton H. Erickson. Este renomado psiquiatra e hipnoterapeuta revolucionou a prática ao enfatizar a individualidade do paciente e a importância da comunicação. Erickson utilizava abordagens mais sutis e conversacionais, distantes das técnicas mais rígidas de indução. Ele acreditava que cada pessoa possui um conjunto único de experiências e recursos internos que podem ser acessados através da hipnose. Essa perspectiva permitiu que terapeutas se conectassem de maneira mais profunda com seus pacientes, promovendo um ambiente de confiança e abertura.

A hipnose ericksoniana destacou-se por sua flexibilidade e adaptabilidade, permitindo que os terapeutas ajustassem suas abordagens às necessidades específicas de cada paciente. Erickson utilizava metáforas e histórias para facilitar a compreensão e o acesso a estados internos, criando um espaço onde o paciente se sentia seguro para explorar suas questões emocionais. Essa técnica não apenas ampliou as possibilidades de tratamento, mas também inspirou uma nova geração de hipnoterapeutas a adotarem abordagens mais personalizadas e centradas no paciente.

Além das inovações trazidas por Erickson, a pesquisa científica começou a desempenhar um papel crucial na validação da hipnose como uma prática terapêutica. Estudos controlados e revisões sistemáticas começaram a emergir, demonstrando a eficácia da hipnose em uma variedade de condições, incluindo dor crônica, ansiedade, depressão e distúrbios do sono. A neurociência também começou a desvendar os mecanismos subjacentes à hipnose, revelando como os estados hipnóticos podem alterar a atividade cerebral e influenciar a percepção da dor e das emoções.

Essas descobertas não apenas legitimavam a hipnose, mas também atraíam a atenção de profissionais de saúde de diversas áreas, que passaram a integrar a hipnose em suas práticas. Psicólogos, médicos e terapeutas começaram a reconhecer o potencial da hipnose como uma ferramenta complementar em tratamentos convencionais, ampliando as possibilidades de cura e bem-estar.

A formação de associações e sociedades de hipnose ao longo do século XX também contribuiu para a profissionalização da prática. Esses grupos promoveram a troca de conhecimentos, a pesquisa e a padronização de técnicas, garantindo que os hipnoterapeutas fossem bem treinados e informados sobre as melhores práticas. A ética na hipnose tornou-se um tema central, com diretrizes sendo estabelecidas para proteger os pacientes e garantir a integridade da prática.

À medida que o século XX avançava, a hipnose se consolidava como uma prática respeitável e cientificamente respaldada. O diálogo entre a hipnose e a medicina moderna continuou a se expandir, criando um espaço onde a mente e o corpo eram vistos como interconectados em sua busca por saúde e bem-estar. As inovações trazidas por hipnoterapeutas como Erickson, juntamente com as validações científicas, transformaram a hipnose em uma disciplina que continua a evoluir e a impactar vidas de maneira positiva.

Assim, a hipnose no século XX não apenas se firmou como uma prática terapêutica, mas também se tornou um campo de pesquisa vibrante e dinâmico. O legado desse período é um testemunho da capacidade humana de explorar novas fronteiras do conhecimento e da cura, lembrando-nos da importância de integrar práticas antigas com a ciência moderna em nossa busca por saúde e autoconhecimento.

Capítulo 6: Dave Elman e a Hipnose Conversacional

Dave Elman é uma figura central na hipnose moderna, cuja influência se estende por várias décadas e continua a impactar a prática hipnótica contemporânea. Nascido em 1900, Elman começou sua jornada no mundo da hipnose em um contexto em que a prática ainda lutava para se afirmar como uma disciplina respeitável dentro da medicina e da psicologia. Sua trajetória pessoal e profissional foi marcada por experiências que moldaram sua abordagem inovadora à hipnose, levando-o a desenvolver técnicas que se tornariam fundamentais para a prática terapêutica.

Desde jovem, Elman demonstrou um interesse profundo pela mente humana. Ele começou a explorar a hipnose como um meio de ajudar as pessoas a superarem desafios emocionais e físicos. Essa paixão o levou a estudar com alguns dos melhores hipnoterapeutas da época, onde adquiriu conhecimentos valiosos que mais tarde aplicaria em sua prática. O contexto histórico em que Elman atuou foi repleto de desafios, uma vez que a hipnose ainda era vista com ceticismo por muitos profissionais da saúde. No entanto, sua determinação e crença nas potencialidades da hipnose o impulsionaram a buscar formas de legitimar e expandir essa prática.

Uma das contribuições mais significativas de Elman foi a introdução do conceito de hipnose conversacional. Essa abordagem se destaca por sua ênfase na comunicação natural e na construção de rapport entre terapeuta e paciente. Ao contrário das técnicas de indução mais rígidas e formais que predominavam na época, Elman acreditava que a hipnose poderia ser integrada de maneira mais fluida nas conversas cotidianas. Essa perspectiva revolucionou a forma como a hipnose era aplicada, permitindo que os terapeutas se conectassem de maneira mais autêntica com seus pacientes.

A hipnose conversacional, segundo Elman, não se limita a um mero estado de transe, mas envolve uma comunicação eficaz que facilita a receptividade do paciente às sugestões. Essa abordagem respeita a individualidade de cada pessoa, reconhecendo que cada um possui um conjunto único de experiências e recursos internos que podem ser acessados. A flexibilidade na comunicação e a capacidade de adaptar a linguagem e os métodos às necessidades do paciente são princípios fundamentais que Elman defendeu em sua prática.

Além de suas inovações na técnica, Elman também foi um defensor da ética na hipnose. Ele enfatizava a importância do consentimento informado e da responsabilidade do hipnoterapeuta em guiar seus pacientes de forma segura e respeitosa. Essa abordagem ética se tornou um pilar essencial na formação de novos hipnoterapeutas, garantindo que a prática fosse não apenas eficaz, mas também respeitosa e responsável.

A vida e o trabalho de Dave Elman não apenas moldaram a hipnose conversacional, mas também abriram portas para uma nova era na prática hipnótica. Sua capacidade de integrar a hipnose à comunicação cotidiana e sua ênfase na ética e no respeito pelo paciente continuam a ser referências valiosas para hipnoterapeutas em todo o mundo. À medida que exploramos suas técnicas e aplicações clínicas, fica evidente que o legado de Elman é uma fonte de inspiração para todos que buscam utilizar a hipnose como uma ferramenta poderosa para transformação e cura.

As técnicas de hipnose conversacional desenvolvidas por Dave Elman são verdadeiramente inovadoras e se destacam pela sua simplicidade e eficácia. Elman acreditava que a hipnose não precisava ser um processo formal e rígido, mas poderia ser integrada de maneira natural nas interações do dia a dia. Uma das suas contribuições mais notáveis foi a indução rápida, uma técnica que permite ao terapeuta levar o paciente a um estado hipnótico em questão de minutos, ou até mesmo segundos.

Essa indução rápida é frequentemente realizada através de uma linguagem simples e acessível, permitindo que o paciente se sinta confortável e seguro. Elman utilizava frases curtas e diretas, que guiavam o paciente suavemente para um estado de relaxamento profundo. Por exemplo, ele poderia dizer: "Agora, ao contar até três, você vai sentir seu corpo relaxar. Um... dois... três...". Essa abordagem não só facilita a transição para a hipnose, mas também ajuda a estabelecer um forte rapport entre o terapeuta e o paciente, essencial para o sucesso do processo.

Outro aspecto crucial das técnicas de Elman é a utilização de metáforas e histórias durante a sessão. Ele acreditava que essas narrativas poderiam abrir portas para a mente inconsciente do paciente, permitindo que ele acessasse recursos internos e encontrasse soluções para seus problemas. Através de uma história bem contada, o paciente é levado a visualizar cenários que ressoam com suas experiências pessoais, criando uma conexão emocional que potencializa a eficácia da hipnose.

Elman também se destacava pela flexibilidade em suas abordagens. Ele entendia que cada paciente é único e, portanto, as técnicas devem ser adaptadas às suas necessidades individuais. Essa personalização é um dos pilares da hipnose conversacional, que se afasta das abordagens tradicionais, muitas vezes engessadas, e permite que o terapeuta ajuste sua comunicação conforme a dinâmica da sessão.

A comparação entre as técnicas de Elman e as abordagens tradicionais de hipnose revela uma clara evolução na prática. Enquanto as técnicas tradicionais muitas vezes exigem um conjunto específico de passos e uma formalidade que pode criar barreiras entre o terapeuta e o paciente, a hipnose conversacional de Elman promove um ambiente mais acolhedor e colaborativo. Isso não apenas facilita a indução, mas também fortalece a confiança do paciente no processo.

Por fim, a importância da flexibilidade na hipnose conversacional não pode ser subestimada. Elman enfatizava que o terapeuta deve estar atento às reações do paciente e disposto a ajustar sua abordagem em tempo real. Essa capacidade de adaptação é essencial para garantir que a experiência hipnótica seja não apenas eficaz, mas também confortável e enriquecedora para o paciente. Assim, a hipnose conversacional se estabelece como uma prática dinâmica e envolvente, que continua a inspirar e transformar vidas na prática terapêutica moderna.

As aplicações clínicas da hipnose conversacional são vastas e impactantes, refletindo a versatilidade das técnicas desenvolvidas por Dave Elman. A hipnose conversacional se mostrou eficaz em diversos contextos terapêuticos, incluindo o tratamento de ansiedade, dor crônica e fobias. Cada uma dessas condições apresenta desafios únicos, mas a abordagem centrada na comunicação e na construção de um rapport sólido entre terapeuta e paciente permite um caminho mais fluido para a cura.

No tratamento da ansiedade, por exemplo, a hipnose conversacional pode ser uma ferramenta poderosa. Os pacientes frequentemente se sentem sobrecarregados por preocupações e medos que parecem incontroláveis. Através de uma comunicação empática e acolhedora, o terapeuta pode guiar o paciente a um estado de relaxamento profundo, onde é possível explorar as raízes da ansiedade. Utilizando metáforas e histórias que ressoam com as experiências do paciente, o terapeuta ajuda a criar novas associações e perspectivas, permitindo que o paciente enfrente suas ansiedades de forma mais produtiva.

Um caso de sucesso que ilustra essa eficácia envolveu uma paciente que sofria de ataques de pânico frequentes. Durante as sessões de hipnose conversacional, o terapeuta utilizou técnicas que promoveram um estado de calma e segurança. Ao contar histórias que evocavam sentimentos de tranquilidade e controle, a paciente foi capaz de reprogramar sua resposta emocional aos gatilhos que antes provocavam suas crises. Com o tempo, ela não apenas reduziu a frequência dos ataques, mas também desenvolveu uma nova confiança em sua capacidade de lidar com situações estressantes.

No que diz respeito à dor crônica, a hipnose conversacional oferece uma abordagem inovadora que desafia as concepções tradicionais sobre o tratamento da dor. A dor, muitas vezes, é exacerbada por fatores emocionais e psicológicos. Através da hipnose, os pacientes podem aprender a dissociar a sensação de dor de suas respostas emocionais, criando um espaço onde a dor pode ser gerida de forma mais eficaz. Um exemplo disso é um paciente que, após um acidente, vivia com dores persistentes. Através de sessões de hipnose, ele foi capaz de reconfigurar sua percepção da dor e, como resultado, experimentou uma redução significativa em sua intensidade e frequência.

As fobias, que podem limitar a vida de uma pessoa de maneiras significativas, também se beneficiam enormemente da hipnose conversacional. O processo de expor gradualmente o paciente ao seu medo, enquanto se encontra em um estado hipnótico, permite que ele enfrente suas ansiedades em um ambiente controlado e seguro. Um relato de um paciente que tinha fobia de voar exemplifica essa aplicação: durante as sessões, o terapeuta utilizou visualizações guiadas que permitiram ao paciente imaginar-se em um avião, sentindo-se calmo e seguro. Gradualmente, essa visualização se tornou uma realidade, e o paciente conseguiu realizar uma viagem de avião sem o pânico que antes o dominava.

Além de seu uso em condições específicas, a hipnose conversacional pode ser integrada a outras abordagens terapêuticas, como a terapia cognitivo-comportamental. Essa integração permite uma abordagem mais holística, onde o paciente pode trabalhar tanto em suas crenças e comportamentos quanto em suas respostas emocionais e físicas. A combinação de técnicas oferece um leque de opções que pode ser adaptado às necessidades individuais de cada paciente.

A relação entre terapeuta e paciente é um elemento central na hipnose conversacional. A confiança e a empatia criadas durante as sessões não apenas facilitam o processo terapêutico, mas também promovem um ambiente onde o paciente se sente seguro para explorar suas emoções e experiências. Essa construção de confiança é essencial para o sucesso do tratamento, pois permite que o paciente se abra e se envolva plenamente no processo de cura.

Portanto, as aplicações clínicas da hipnose conversacional são amplas e variadas, refletindo a eficácia das técnicas de Elman em contextos terapêuticos diversos. À medida que continuamos a explorar e integrar essas abordagens em práticas de saúde mental, fica claro que a hipnose conversacional não é apenas uma técnica, mas uma poderosa ferramenta de transformação pessoal e cura.

O legado de Dave Elman na hipnose moderna é um testemunho da eficácia e relevância de suas contribuições para a prática hipnótica contemporânea. Elman não apenas revolucionou a forma como a hipnose é aplicada, mas também estabeleceu um padrão ético e profissional que continua a guiar novos hipnoterapeutas em sua formação. Suas técnicas de hipnose conversacional, que enfatizam a comunicação natural e a construção de rapport, mudaram o paradigma da hipnose, tornando-a mais acessível e integrada ao cotidiano.

A formação de novos hipnoterapeutas é um aspecto crucial do legado de Elman. Ele acreditava que a educação e a prática ética eram fundamentais para garantir que a hipnose fosse utilizada de maneira responsável e eficaz. Por isso, suas técnicas são frequentemente ensinadas em cursos e workshops, onde profissionais são capacitados a aplicar a hipnose conversacional em diversos contextos clínicos. Essa ênfase na formação não só assegura a continuidade de suas abordagens, mas também promove um padrão de excelência que beneficia pacientes e terapeutas.

O futuro da hipnose conversacional parece promissor, especialmente à medida que novas descobertas nas áreas da psicologia e neurociência continuam a emergir. A pesquisa sobre os efeitos da hipnose no cérebro e nas emoções está em expansão, e isso abre novas oportunidades para integrar as técnicas de Elman com práticas baseadas em evidências. A combinação de sua abordagem centrada no paciente com as descobertas científicas pode levar a um entendimento mais profundo dos mecanismos da hipnose e a um aprimoramento das intervenções terapêuticas.

Considerando o impacto da hipnose conversacional na prática clínica, é evidente que a essência das técnicas de Elman deve ser mantida viva. A capacidade de se conectar com o paciente de forma genuína, utilizando a linguagem e a comunicação de maneira eficaz, é uma habilidade que não deve ser subestimada. O respeito pela individualidade de cada paciente, aliado à flexibilidade nas abordagens, é o que torna a hipnose uma ferramenta poderosa de transformação pessoal e cura.

Ao refletirmos sobre o legado de Dave Elman, é importante reconhecer a profundidade de suas contribuições e como elas moldaram a prática da hipnose moderna. Sua visão inovadora e seu compromisso com a ética e a eficácia continuam a inspirar hipnoterapeutas ao redor do mundo, lembrando-nos da importância de explorar e entender a mente humana de maneira integrada e respeitosa. A hipnose conversacional não é apenas uma técnica; é uma arte que, quando aplicada com sensibilidade e conhecimento, pode transformar vidas e promover um profundo bem-estar.

A intersecção entre a hipnose e a ciência moderna é um tema fascinante que nos convida a repensar a forma como entendemos a mente humana. A hipnose, muitas vezes vista como um mistério, tem suas raízes em práticas antigas, mas é na ciência contemporânea que encontramos uma nova luz sobre sua eficácia e funcionamento. Ao olharmos para o conceito de hipnose sob a perspectiva científica, percebemos que a pesquisa tem avançado significativamente, buscando desmistificar e validar essa prática terapêutica.

Desde o início do século XX, a hipnose tem sido objeto de estudos que visam entender seus mecanismos. Pesquisadores têm se dedicado a investigar como a hipnose atua no cérebro, e o que as técnicas de imagem cerebral, como a ressonância magnética funcional (fMRI) e a eletroencefalografia (EEG), revelam sobre os estados hipnóticos. Esses estudos não apenas ajudam a esclarecer o que acontece com a mente durante a hipnose, mas também fornecem evidências concretas que apoiam sua utilização em contextos terapêuticos.

A validação científica da hipnose é crucial para sua aceitação na medicina e na psicologia contemporâneas. Através de pesquisas rigorosas, os cientistas têm demonstrado que a hipnose não é apenas uma técnica de entretenimento, mas uma ferramenta poderosa que pode facilitar a cura e a transformação. Essa validação é essencial, pois permite que profissionais da saúde integrem a hipnose em suas práticas, oferecendo aos pacientes uma abordagem mais holística e eficaz.

Além disso, a compreensão científica da hipnose abre portas para novas aplicações. Por exemplo, estudos têm mostrado que a hipnose pode alterar a percepção da dor, oferecendo um método alternativo para o manejo da dor crônica. Essa descoberta é particularmente significativa em um mundo onde a busca por tratamentos menos invasivos e mais eficazes é cada vez mais urgente. A hipnose, apoiada por evidências científicas, se destaca como uma opção viável e segura.

Capítulo 7: A Intersecção da Hipnose com a Ciência Moderna

À medida que avançamos neste capítulo, exploraremos mais a fundo os estudos neurocientíficos que investigam os efeitos da hipnose no cérebro. Veremos como essas pesquisas não apenas corroboram a eficácia da hipnose, mas também contribuem para um entendimento mais profundo da mente humana e de suas capacidades. A intersecção da hipnose com a ciência moderna não é apenas uma questão de validação, mas uma oportunidade de expandir nosso conhecimento e transformar vidas através da compreensão e aplicação da hipnose de maneira fundamentada e respeitosa.

A intersecção entre a hipnose e a neurociência é um campo fascinante que tem atraído a atenção de pesquisadores e profissionais da saúde. A hipnose, frequentemente vista como uma prática mística, está sendo cada vez mais compreendida através das lentes da ciência moderna. Estudos neurocientíficos têm revelado como a hipnose pode influenciar o funcionamento do cérebro, alterando estados de consciência e proporcionando uma experiência terapêutica poderosa.

Pesquisas recentes, utilizando técnicas avançadas de imagem cerebral, como a ressonância magnética funcional (fMRI) e a eletroencefalografia (EEG), têm mostrado que a hipnose não é apenas um estado de relaxamento profundo, mas uma condição que pode alterar a percepção da dor, a resposta emocional e até mesmo a memória. Durante a hipnose, áreas específicas do cérebro são ativadas, enquanto outras são inibidas, revelando um padrão de atividade cerebral que é distinto dos estados de vigília e sono. Essa descoberta é crucial, pois nos ajuda a entender como a hipnose pode ser utilizada para tratar condições como dor crônica, ansiedade e fobias.

Um dos aspectos mais intrigantes da hipnose é sua capacidade de modificar a percepção da dor. Estudos demonstraram que indivíduos sob hipnose podem relatar uma redução significativa na intensidade da dor, mesmo em situações que normalmente seriam extremamente desconfortáveis. Isso ocorre porque a hipnose pode induzir um estado de dissociação, onde a mente e o corpo se separam temporariamente, permitindo que a pessoa experimente a dor de uma maneira menos impactante. Essa dissociação é uma ferramenta valiosa em contextos clínicos, onde o manejo da dor é essencial.

Além disso, a hipnose tem mostrado influência sobre a resposta emocional. Pesquisas indicam que a hipnose pode ajudar a reprogramar respostas emocionais associadas a traumas e experiências negativas. Isso é particularmente útil em terapias que visam tratar transtornos de estresse pós-traumático (TEPT), onde a reavaliação de memórias dolorosas pode ser feita em um ambiente seguro e controlado. Durante a hipnose, o paciente é guiado a revisitar essas memórias, mas com uma nova perspectiva, permitindo que ele processe e libere as emoções ligadas a elas.

Os estudos também têm investigado como a hipnose pode impactar a memória. A hipnose é frequentemente utilizada em contextos terapêuticos para ajudar os pacientes a acessarem memórias que podem estar reprimidas ou distorcidas. No entanto, é importante ressaltar que a hipnose não é uma ferramenta infalível para a recuperação de memórias, e a sua utilização deve ser feita com cautela, sempre respeitando a ética e a integridade do paciente.

A intersecção da hipnose com a neurociência não apenas valida a eficácia dessa prática, mas também abre novas possibilidades para a terapia. À medida que continuamos a explorar os mecanismos subjacentes à hipnose, podemos desenvolver técnicas mais refinadas e adaptadas às necessidades individuais de cada paciente. Essa abordagem personalizada é um dos pilares da hipnose conversacional, que enfatiza a comunicação e o rapport entre terapeuta e paciente, permitindo que a hipnose se torne uma experiência verdadeiramente transformadora.

Assim, a combinação de hipnose e neurociência não é apenas uma fascinante área de estudo, mas uma promessa de tratamentos mais eficazes e humanizados. O futuro da hipnose na medicina e na psicologia parece brilhante, à medida que continuamos a desmistificar e validar essa prática através da ciência, sempre com o objetivo de promover a saúde e o bem-estar de todos.

A eficácia da hipnose em tratamentos clínicos é um tema que tem ganhado destaque nas últimas décadas, à medida que a pesquisa científica começa a validar as práticas hipnóticas e a demonstrar seu impacto positivo em diversas condições de saúde. Estudos têm revelado que a hipnose pode ser uma intervenção eficaz em contextos terapêuticos, como no tratamento de ansiedade, depressão, dor crônica e fobias. Essa validação não apenas fortalece a credibilidade da hipnose, mas também abre novas possibilidades para sua integração em práticas clínicas.

Uma das áreas em que a hipnose tem se mostrado particularmente eficaz é no tratamento da ansiedade. Pesquisas demonstram que pacientes que se submetem a sessões de hipnose apresentam uma redução significativa nos níveis de ansiedade. Um estudo realizado com indivíduos que sofriam de transtorno de ansiedade generalizada mostrou que, após um protocolo de hipnose, os participantes relataram uma diminuição nas preocupações diárias e uma melhoria em sua qualidade de vida. A hipnose permite que os pacientes explorem suas emoções em um ambiente seguro, ajudando-os a reprocessar experiências que podem estar contribuindo para sua ansiedade.

Além da ansiedade, a hipnose tem se mostrado uma ferramenta valiosa no manejo da dor crônica. Estudos de caso revelam que pacientes com condições como fibromialgia e artrite reumatoide experimentaram alívio significativo da dor após sessões de hipnose. A hipnose atua ao alterar a percepção da dor, permitindo que o paciente dissocie a sensação dolorosa de suas respostas emocionais. Um exemplo notável é o relato de um paciente que, após um acidente, vivia com dores persistentes. Através de sessões regulares de hipnose, ele foi capaz de reconfigurar sua percepção da dor, resultando em uma redução significativa de sua intensidade e frequência.

As fobias, que podem ser debilitantes e limitar a vida de uma pessoa, também se beneficiam da hipnose. A técnica de exposição gradual, combinada com hipnose, permite que o paciente enfrente seus medos em um estado controlado e seguro. Um caso emblemático envolveu um paciente com fobia de voar. Durante as sessões, o terapeuta utilizou visualizações guiadas que permitiram ao paciente imaginar-se em um avião, sentindo-se calmo e seguro. Gradualmente, essa visualização se tornou uma realidade, e o paciente conseguiu realizar uma viagem de avião sem o pânico que antes o dominava.

Outro aspecto importante da eficácia da hipnose é sua capacidade de ser integrada a outras abordagens terapêuticas, como a terapia cognitivo-comportamental (TCC). A combinação dessas técnicas oferece uma abordagem mais holística, permitindo que o paciente trabalhe tanto em suas crenças e comportamentos quanto em suas respostas emocionais e físicas. Essa integração é especialmente valiosa, pois proporciona um leque de opções que pode ser adaptado às necessidades individuais de cada paciente.

Os resultados positivos da hipnose em diversos contextos clínicos são corroborados por meta-análises que reúnem dados de múltiplos estudos. Essas análises mostram que a hipnose não apenas é eficaz, mas também segura, com poucos efeitos colaterais relatados. Essa segurança e eficácia são fundamentais para a aceitação da hipnose na prática clínica, pois garantem que os pacientes possam se beneficiar de suas aplicações sem riscos significativos.

A construção de uma relação de confiança entre terapeuta e paciente é um elemento central na hipnose conversacional. A empatia e a comunicação eficaz criadas durante as sessões não apenas facilitam o processo terapêutico, mas também promovem um ambiente onde o paciente se sente seguro para explorar suas emoções e experiências. Essa construção de confiança é essencial para o sucesso do tratamento, permitindo que o paciente se abra e se envolva plenamente no processo de cura.

Assim, a eficácia da hipnose em tratamentos clínicos é um testemunho de seu valor como ferramenta terapêutica. À medida que continuamos a explorar e integrar essas abordagens em práticas de saúde mental, fica claro que a hipnose é mais do que uma técnica; é uma poderosa ferramenta de transformação pessoal e cura, que pode oferecer alívio e esperança a muitos que enfrentam desafios emocionais e físicos.

A hipnose na prática médica e psicológica é uma área que vem ganhando cada vez mais destaque, especialmente à medida que a ciência avança e valida suas aplicações. A utilização da hipnose em contextos clínicos é vasta e multifacetada, abrangendo desde o manejo da dor até a promoção de bem-estar psicológico em pacientes. Um dos campos mais impactantes é o uso da hipnose como anestesia, onde ela se mostra uma alternativa eficaz e segura para procedimentos cirúrgicos e odontológicos.

A hipnose pode ser utilizada como uma ferramenta poderosa na anestesia, proporcionando alívio significativo da dor sem a necessidade de medicamentos. Pacientes que se submetem a procedimentos cirúrgicos sob hipnose frequentemente relatam uma experiência muito mais tranquila e controlada. A capacidade de dissociar a sensação de dor e criar um estado de relaxamento profundo permite que os pacientes se sintam mais seguros e confortáveis durante a cirurgia. Um exemplo notável é o relato de um paciente que passou por uma cirurgia de remoção de um tumor sem a administração de anestesia convencional, utilizando apenas a hipnose. Ele descreveu a experiência como surpreendentemente calma e controlada, destacando a eficácia da hipnose em proporcionar um ambiente seguro.

Além da anestesia, a hipnose é amplamente utilizada no manejo da dor crônica. Pacientes que sofrem de condições como fibromialgia, artrite e dor neuropática podem se beneficiar enormemente da hipnose, que ajuda a alterar a percepção da dor e a reduzir a intensidade das sensações dolorosas. A hipnose não apenas oferece um alívio temporário, mas também ensina os pacientes a gerenciarem sua dor de maneira mais eficaz, promovendo uma maior qualidade de vida. Estudos demonstram que, ao integrar a hipnose ao tratamento convencional, os pacientes experimentam uma redução significativa em sua percepção de dor, resultando em menos dependência de medicamentos analgésicos.

Os cuidados paliativos também se beneficiam da hipnose, proporcionando um suporte emocional e físico valioso para pacientes em estágios avançados de doenças. A hipnose pode ajudar a aliviar a dor e a ansiedade, promovendo um estado de calma e conforto. Pacientes em cuidados paliativos frequentemente relatam uma melhoria na qualidade de vida, mesmo em face de condições desafiadoras. A hipnose atua como um recurso que permite aos pacientes se reconectarem com suas emoções e experiências, promovendo um senso de controle e dignidade.

A formação de profissionais de saúde em hipnose é um aspecto crucial para garantir que essas práticas sejam utilizadas de maneira ética e eficaz. A educação em hipnose deve incluir não apenas técnicas práticas, mas também uma compreensão profunda da ética envolvida na prática. Os profissionais devem ser capacitados a aplicar a hipnose de forma responsável, sempre respeitando a autonomia e o bem-estar dos pacientes. A formação continuada é essencial, pois permite que os profissionais se mantenham atualizados sobre as novas descobertas e técnicas, garantindo que suas práticas sejam fundamentadas em evidências.

O futuro da hipnose na medicina e psicologia é promissor, especialmente com o avanço das pesquisas científicas. À medida que mais estudos validam a eficácia da hipnose, é provável que sua aceitação na prática clínica continue a crescer. A integração da hipnose com outras abordagens terapêuticas, como a terapia cognitivo-comportamental e a medicina integrativa, pode ampliar ainda mais seu alcance e eficácia. Essa intersecção entre a hipnose e a ciência moderna não apenas valida a hipnose como uma prática respeitável, mas também abre novas oportunidades para o tratamento de uma variedade de condições de saúde.

A hipnose, portanto, se estabelece como uma ferramenta valiosa e versátil na prática médica e psicológica. Sua capacidade de proporcionar alívio da dor, reduzir a ansiedade e promover um estado de bem-estar emocional a torna uma aliada poderosa na busca por tratamentos mais humanizados e eficazes. À medida que continuamos a explorar e integrar a hipnose em práticas de saúde, fica claro que essa abordagem não é apenas uma técnica, mas uma arte que, quando aplicada com sensibilidade e conhecimento, pode transformar vidas e promover um profundo bem-estar.

Capítulo 8: Teoria Polivagal e Hipnose

A Teoria Polivagal, desenvolvida pelo pesquisador Stephen Porges, oferece uma perspectiva inovadora sobre como o sistema nervoso autônomo regula nossas respostas emocionais e comportamentais. Essa teoria não apenas enriquece nossa compreensão sobre a hipnose, mas também revela a profundidade das interações entre nossos estados fisiológicos e nossas experiências emocionais. O cerne da teoria reside na ideia de que nosso sistema nervoso responde a diferentes situações de maneira adaptativa, influenciando diretamente nossa percepção de segurança e conexão.

Segundo Porges, existem três estados principais que compõem a resposta do sistema nervoso: o estado de segurança, que está relacionado ao sistema nervoso parassimpático; o estado de mobilização, associado ao sistema nervoso simpático; e o estado de imobilização, que também é uma função do sistema nervoso parassimpático, mas em sua forma dorsal. Essa categorização nos ajuda a entender como as pessoas reagem em diferentes contextos e como essas reações podem ser moduladas por meio da hipnose.

Quando nos sentimos seguros, nosso sistema nervoso parassimpático está ativo, permitindo uma sensação de calma e conexão. Esse estado é ideal para a hipnose, pois facilita a abertura do indivíduo para experiências terapêuticas. Por outro lado, quando enfrentamos estressores, o sistema nervoso simpático é ativado, levando a respostas de luta ou fuga. Em situações extremas, podemos entrar em um estado de imobilização, onde a resposta é de congelamento ou dissociação. Compreender esses estados é fundamental para terapeutas que utilizam a hipnose, pois permite que eles criem um ambiente seguro e acolhedor, essencial para o processo de cura.

A conexão entre a Teoria Polivagal e a hipnose é particularmente relevante na prática clínica. A hipnose pode ser uma ferramenta poderosa para ajudar os pacientes a acessarem estados de segurança e conforto, promovendo a regulação do sistema nervoso. Técnicas hipnóticas, como visualizações guiadas e ancoragens emocionais, podem ser utilizadas para induzir estados de relaxamento profundo, onde o paciente se sente seguro o suficiente para explorar suas emoções e experiências sem medo ou ansiedade.

Além disso, a hipnose pode facilitar o acesso a estados de consciência que favorecem a conexão entre mente e corpo. Quando um paciente está em um estado hipnótico, ele pode se tornar mais consciente das sensações corporais e das emoções que surgem, permitindo uma exploração mais profunda de experiências passadas e a ressignificação de traumas. Essa conexão é vital para a promoção de um estado de segurança, onde o paciente pode se sentir apoiado e compreendido.

À medida que avançamos neste capítulo, exploraremos como a integração da Teoria Polivagal com técnicas hipnóticas pode resultar em benefícios significativos para os pacientes. Casos clínicos demonstram que essa abordagem não apenas reduz a ansiedade, mas também melhora a regulação emocional, permitindo que os indivíduos se reconectem com suas emoções e transformem experiências traumáticas em oportunidades de crescimento. A relação empática entre terapeuta e paciente, fundamentada na Teoria Polivagal, é um elemento central para o sucesso da hipnose, reforçando a importância de um ambiente terapêutico seguro e acolhedor.

A relação entre a Teoria Polivagal e a hipnose é um campo de estudo que revela como a hipnose pode ser uma ferramenta eficaz para promover a regulação emocional e a sensação de segurança no paciente. Ao se aprofundar na prática hipnótica, é possível observar que a hipnose não é apenas um estado de relaxamento, mas um meio poderoso de acessar e modificar estados do sistema nervoso autônomo.

Quando um paciente entra em um estado hipnótico, ele pode ser guiado a alcançar um estado de segurança, onde o sistema nervoso parassimpático é ativado. Esse estado é essencial para a eficácia da hipnose, pois permite que o indivíduo se sinta mais aberto e receptivo às sugestões terapêuticas. A hipnose, então, se torna uma ponte que conecta a mente e o corpo, facilitando a exploração de emoções e memórias que podem estar bloqueadas ou reprimidas.

Um exemplo prático dessa relação pode ser visto em técnicas de visualização guiada. Durante a hipnose, o terapeuta pode convidar o paciente a imaginar um lugar seguro, um espaço onde ele se sente completamente à vontade e protegido. Essa visualização não apenas ajuda a relaxar o paciente, mas também ativa circuitos neurológicos que promovem a sensação de segurança, permitindo que o paciente se conecte mais profundamente com suas emoções e experiências.

Além disso, a hipnose pode ser utilizada para acessar e reprogramar respostas emocionais associadas a traumas. Quando um paciente revisita memórias difíceis em um estado hipnótico, ele pode fazê-lo de uma maneira que não é ameaçadora. Isso é possível porque a hipnose cria um espaço seguro, onde o paciente pode reavaliar e ressignificar essas experiências, promovendo a cura e a liberação emocional.

As técnicas hipnóticas que induzem estados de segurança são cruciais, especialmente em contextos clínicos. Por exemplo, ao trabalhar com pacientes que sofrem de ansiedade, um terapeuta pode utilizar a hipnose para ajudar o paciente a se desconectar de seus medos e preocupações, permitindo que ele se concentre em um estado de calma. Essa abordagem não apenas alivia os sintomas imediatos, mas também ensina o paciente a acessar esse estado de segurança em momentos de estresse fora da sessão.

A relação entre a Teoria Polivagal e a hipnose é, portanto, uma interseção rica em possibilidades terapêuticas. À medida que os terapeutas se tornam mais conscientes dos mecanismos subjacentes a essas práticas, eles podem aprimorar suas abordagens, integrando a hipnose de maneira mais eficaz em seus tratamentos. Essa integração não só melhora o bem-estar emocional dos pacientes, mas também oferece uma nova perspectiva sobre a capacidade da mente humana de se curar e se transformar.

À medida que continuamos a explorar essa relação, é essencial reconhecer a importância da empatia e da conexão entre terapeuta e paciente. A construção de um ambiente terapêutico seguro, fundamentado na Teoria Polivagal, é um componente vital para o sucesso da hipnose, permitindo que os pacientes se sintam apoiados e compreendidos em sua jornada de transformação.

A aplicação da Teoria Polivagal na hipnose revela um leque de benefícios que se destacam em contextos clínicos, especialmente no que diz respeito à regulação emocional e à promoção de um estado de segurança para o paciente. Quando um terapeuta utiliza a hipnose, ele não está apenas induzindo um estado de relaxamento; ele está, na verdade, criando um ambiente onde o sistema nervoso do paciente pode se reequilibrar e se reconectar com suas emoções de maneira segura. Essa abordagem é fundamental para aqueles que enfrentam traumas ou ansiedade, pois permite que o paciente explore experiências dolorosas em um espaço protegido.

Um exemplo prático dessa integração é o uso da hipnose para tratar a ansiedade. Pacientes que sofrem de transtornos de ansiedade frequentemente se sentem sobrecarregados por suas emoções, e a hipnose pode ser uma ferramenta eficaz para ajudar a regular essas respostas. Durante as sessões, o terapeuta pode guiar o paciente a um estado de segurança, onde ele pode, gradualmente, confrontar e ressignificar suas experiências ansiosas. Essa técnica não apenas reduz a intensidade da ansiedade, mas também ensina o paciente a acessar esse estado de calma em momentos de estresse fora da terapia.

Outro aspecto notável é a capacidade da hipnose de ajudar os pacientes a se reconectarem com suas emoções. Muitas vezes, traumas passados podem levar a uma dissociação emocional, onde o indivíduo se sente desconectado de suas próprias experiências. A hipnose, ao criar um ambiente seguro, permite que o paciente revisite essas memórias com uma nova perspectiva. Isso é particularmente útil em casos de transtorno de estresse pós-traumático (TEPT), onde a reavaliação de memórias dolorosas pode ser feita de maneira controlada, promovendo a cura emocional.

A relação entre terapeuta e paciente, fundamentada na Teoria Polivagal, é essencial para o sucesso da hipnose. A empatia e a comunicação eficaz criadas durante as sessões não apenas facilitam o processo terapêutico, mas também promovem um ambiente onde o paciente se sente seguro para explorar suas emoções. Essa construção de confiança é vital, pois permite que o paciente se abra e se envolva plenamente no processo de cura.

Além disso, a hipnose pode ser uma ferramenta poderosa na promoção do bem-estar emocional. Pacientes que se sentem sobrecarregados por suas emoções podem se beneficiar enormemente da hipnose, que ajuda a regular as respostas emocionais e a promover um estado de calma. Essa abordagem não apenas alivia os sintomas imediatos, mas também ensina o paciente a acessar esse estado de segurança em momentos de estresse fora da sessão.

Assim, a integração da Teoria Polivagal com a hipnose se estabelece como uma abordagem inovadora e eficaz na prática clínica. À medida que os terapeutas se tornam mais conscientes dos mecanismos subjacentes a essas práticas, eles podem aprimorar suas abordagens, integrando a hipnose de maneira mais eficaz em seus tratamentos. Essa intersecção não apenas melhora o bem-estar emocional dos pacientes, mas também oferece uma nova perspectiva sobre a capacidade da mente humana de se curar e se transformar. A hipnose, portanto, se revela não apenas como uma técnica, mas como uma arte que, quando aplicada com sensibilidade e conhecimento, pode transformar vidas e promover um profundo bem-estar.

À medida que olhamos para o futuro da intersecção entre a Teoria Polivagal e a hipnose, surgem oportunidades empolgantes para a pesquisa e a prática clínica. A combinação desses dois campos oferece um potencial significativo para melhorar a eficácia das intervenções terapêuticas, especialmente em populações que enfrentam desafios emocionais e comportamentais complexos. A necessidade de estudos mais aprofundados é evidente, pois a compreensão das respostas do sistema nervoso autônomo pode enriquecer ainda mais as abordagens hipnóticas.

Uma das direções promissoras para futuras pesquisas é a investigação da eficácia da hipnose em diferentes grupos populacionais, incluindo crianças, idosos e indivíduos com condições de saúde mental específicas. Cada grupo pode apresentar respostas distintas à hipnose, e a Teoria Polivagal pode fornecer insights valiosos sobre como adaptar as técnicas hipnóticas para atender às necessidades únicas de cada paciente. Por exemplo, entender como a hipnose pode ser utilizada para ajudar crianças a lidar com medos ou traumas pode abrir novas portas para intervenções precoces que promovam um desenvolvimento emocional saudável.

Além disso, a interação entre a hipnose e a neurociência continua a ser uma área fértil para exploração. Pesquisas que investigam como a hipnose pode alterar a atividade cerebral em diferentes estados de consciência podem não apenas validar sua eficácia, mas também ajudar a desenvolver protocolos mais específicos e personalizados para o tratamento de condições como ansiedade, depressão e dor crônica. A utilização de tecnologias de imagem cerebral pode proporcionar uma compreensão mais profunda dos mecanismos subjacentes à hipnose, permitindo que terapeutas utilizem técnicas baseadas em evidências.

A formação contínua de profissionais de saúde é fundamental para integrar os conceitos da Teoria Polivagal e da hipnose em suas práticas. Cursos e workshops que abordem a intersecção entre esses campos podem equipar terapeutas com ferramentas e estratégias para criar ambientes terapêuticos seguros e acolhedores. A educação deve enfatizar a importância da empatia e da conexão entre terapeuta e paciente, elementos essenciais para facilitar a regulação emocional e a transformação pessoal.

Por fim, a compreensão da Teoria Polivagal pode enriquecer a prática da hipnose, contribuindo para um tratamento mais eficaz e humanizado. À medida que os profissionais se tornam mais informados sobre como as respostas fisiológicas influenciam o comportamento e as emoções, eles podem aprimorar suas abordagens terapêuticas, resultando em experiências mais significativas e impactantes para os pacientes. A intersecção entre a hipnose e a Teoria Polivagal não é apenas uma oportunidade de pesquisa, mas uma promessa de transformação na forma como abordamos a saúde mental e o bem-estar.

Capítulo 9: Programação Neurolinguística (PNL) e Hipnose

Neste primeiro momento, é fundamental nos aprofundarmos na Programação Neurolinguística (PNL), uma abordagem fascinante que explora a intrincada conexão entre a mente e a linguagem, e como essas interações moldam nosso comportamento. A PNL emergiu nas décadas de 1970, idealizada por Richard Bandler e John Grinder, com o intuito de entender e replicar a excelência em comunicação e mudança pessoal. Desde suas origens, a PNL tem se mostrado uma ferramenta poderosa para transformar vidas, permitindo que indivíduos reprogramem suas crenças e padrões de pensamento.

A essência da PNL reside na ideia de que a linguagem não é apenas um meio de comunicação, mas também um poderoso agente de mudança. Através da análise das estruturas linguísticas, a PNL revela como as palavras que escolhemos influenciam nossa percepção da realidade e, consequentemente, nosso comportamento. Um dos conceitos centrais da PNL é a ancoragem, que consiste em associar uma emoção ou estado mental a um estímulo específico, permitindo que, em momentos de necessidade, possamos acessar rapidamente esse estado desejado. Imagine poder, por exemplo, evocar uma sensação de confiança simplesmente ao tocar em um objeto que você associou a um momento de sucesso. Essa capacidade de acessar estados emocionais desejados é uma das chaves para a transformação pessoal.

Outro princípio fundamental é a modelagem, que envolve observar e replicar os comportamentos e estratégias de pessoas que obtiveram sucesso em determinadas áreas. Ao entender como essas pessoas pensam e agem, podemos adotar essas estratégias em nossas próprias vidas. Isso nos leva a refletir sobre a importância das narrativas que contamos a nós mesmos e como, ao reestruturar essas histórias, podemos mudar nossa trajetória.

O reframing, ou recontextualização, é mais uma técnica poderosa da PNL que permite ver uma situação sob uma nova perspectiva. Essa mudança de ângulo pode transformar um problema em uma oportunidade, ajudando a reduzir a carga emocional negativa associada a experiências desafiadoras. Por exemplo, ao invés de encarar uma falha como um sinal de incapacidade, podemos recontextualizá-la como uma oportunidade de aprendizado e crescimento.

Esses princípios não existem isoladamente; eles se entrelaçam de maneira harmoniosa com a hipnose. A hipnose, com seu potencial de induzir estados alterados de consciência, pode ser uma aliada poderosa na aplicação da PNL. Quando um indivíduo está em um estado hipnótico, sua mente se torna mais receptiva a novas sugestões e experiências. É nesse espaço que a PNL pode brilhar, permitindo que o terapeuta utilize ancoragens e recontextualizações de maneira eficaz, promovendo mudanças profundas e duradouras.

À medida que avançamos, exploraremos como a integração da PNL com a hipnose não apenas potencializa os resultados terapêuticos, mas também cria um ambiente mais acolhedor e personalizado para o paciente. Essa intersecção entre linguagem, mente e comportamento é um convite à transformação, e juntos, desbravaremos as possibilidades que essa combinação oferece.

A interseção entre a Programação Neurolinguística (PNL) e a hipnose é um campo repleto de possibilidades que se complementam de maneira harmoniosa. Ambas as abordagens compartilham o entendimento de que a mente humana é maleável e que, por meio de técnicas adequadas, é possível promover mudanças significativas na forma como percebemos e reagimos ao mundo. Ao explorarmos essa relação, notamos que, embora cada uma tenha suas particularidades, elas se entrelaçam em um objetivo comum: facilitar a transformação pessoal e a cura emocional.

A hipnose, com sua capacidade de induzir estados alterados de consciência, oferece um espaço ideal para a aplicação das técnicas da PNL. Quando um indivíduo é guiado a um estado hipnótico, sua mente se torna mais receptiva a sugestões e mudanças. É nesse estado que as metáforas, uma ferramenta poderosa da PNL, podem ser utilizadas de maneira eficaz. Metáforas não apenas comunicam ideias complexas de forma acessível, mas também permitem que o paciente se conecte emocionalmente com suas experiências, facilitando a ressignificação de memórias e crenças limitantes.

Imagine um terapeuta que, durante uma sessão hipnótica, utiliza a metáfora de uma viagem. Ele pode convidar o paciente a visualizar um caminho sinuoso, onde cada curva representa um desafio superado. À medida que o paciente avança nessa jornada imaginária, ele é incentivado a sentir a liberdade e a leveza que vêm com a superação. Essa abordagem não só torna o processo mais envolvente, mas também ajuda o paciente a internalizar a ideia de que ele pode, de fato, superar suas dificuldades.

Além das metáforas, a linguagem persuasiva da PNL pode ser utilizada para moldar a experiência hipnótica. As palavras escolhidas cuidadosamente podem criar imagens mentais poderosas, evocando emoções que impulsionam a mudança. Um terapeuta que utiliza uma linguagem que ressoe com a experiência do paciente pode facilitar um estado de conexão mais profundo, onde o indivíduo se sente compreendido e apoiado. Essa conexão é vital para o sucesso da terapia, pois promove um ambiente seguro onde o paciente pode explorar suas emoções sem medo de julgamento.

Outro aspecto importante dessa interseção é a capacidade da PNL de ajudar os hipnoterapeutas a compreender melhor as necessidades e experiências de seus pacientes. Através da modelagem, os terapeutas podem observar e replicar os comportamentos de outros profissionais que obtiveram sucesso em suas práticas. Isso não apenas enriquece o arsenal de técnicas disponíveis, mas também incentiva uma abordagem mais personalizada, onde as intervenções são adaptadas às necessidades específicas de cada paciente.

A recontextualização, ou reframing, é mais uma técnica da PNL que se encaixa perfeitamente na prática hipnótica. Ao ajudar o paciente a ver uma situação sob uma nova luz, o terapeuta pode transformar experiências desafiadoras em oportunidades de aprendizado. Durante uma sessão hipnótica, um paciente que se sente preso em um ciclo de negatividade pode ser guiado a reinterpretar suas experiências, encontrando novos significados que promovem a cura e o crescimento.

Assim, a interseção entre PNL e hipnose não é apenas uma combinação de técnicas, mas um convite à transformação. Ao integrar esses métodos, os terapeutas podem criar experiências terapêuticas mais ricas, onde a linguagem, a emoção e a mente se encontram em um espaço de cura. Essa abordagem não apenas potencializa os resultados terapêuticos, mas também promove um ambiente acolhedor e personalizado, essencial para que o paciente se sinta seguro em sua jornada de autodescoberta e transformação.

À medida que continuamos a explorar essas técnicas, é essencial lembrar que a prática consciente da linguagem e a conexão emocional são fundamentais para o sucesso dessa integração. O futuro da terapia hipnótica, enriquecida pela PNL, promete ser um caminho de profundas transformações, onde cada palavra e cada metáfora têm o poder de mudar vidas.

As técnicas de Programação Neurolinguística (PNL) oferecem um vasto campo de possibilidades que se integram de forma eficaz à hipnose, criando um ambiente propício para transformações profundas. Neste segmento, vamos aprofundar algumas dessas técnicas, detalhando como podem ser aplicadas durante sessões hipnóticas para potencializar resultados e promover mudanças significativas na vida dos pacientes.

A ancoragem emocional é uma das técnicas mais poderosas da PNL. Ela envolve a criação de uma associação entre um estado emocional desejado e um estímulo específico, que pode ser uma palavra, um gesto ou até um objeto. Por exemplo, imagine um paciente que deseja sentir confiança antes de uma apresentação. Durante uma sessão de hipnose, o terapeuta pode guiá-lo a um estado de relaxamento profundo e, enquanto ele se sente seguro e confiante, pode pedir que ele pressione o polegar contra o indicador. Essa associação entre a sensação de confiança e o gesto se torna uma âncora. Quando o paciente precisar acessar esse estado no futuro, basta repetir o gesto para evocar a confiança que foi previamente instalada.

Outra técnica essencial é a reprogramação de crenças limitantes. Muitas vezes, os pacientes carregam consigo crenças que os impedem de alcançar seus objetivos. Durante a hipnose, o terapeuta pode ajudar o paciente a identificar essas crenças e, a partir daí, trabalhar para recontextualizá-las. Por exemplo, se um paciente acredita que "não é bom o suficiente" para conseguir um emprego dos sonhos, o terapeuta pode guiá-lo a explorar experiências passadas em que ele teve sucesso, ajudando-o a construir uma nova narrativa que enfatize suas habilidades e conquistas. Essa mudança de perspectiva não apenas fortalece a autoimagem do paciente, mas também abre portas para novas oportunidades.

As perguntas poderosas são outra ferramenta valiosa que pode ser integrada à hipnose. Durante uma sessão, o terapeuta pode fazer perguntas que incentivem a reflexão profunda e a auto exploração. Perguntas como "O que você realmente deseja alcançar?" ou "Como seria sua vida se você superasse esse desafio?" ajudam o paciente a visualizar um futuro positivo e a desenvolver um plano de ação. Essas perguntas não apenas geram insights, mas também promovem um senso de empoderamento, permitindo que o paciente se sinta mais no controle de sua vida.

Um exemplo prático de como essas técnicas podem ser aplicadas é em um caso de um paciente que luta contra a ansiedade social. Durante a hipnose, o terapeuta pode usar a ancoragem emocional para associar um estado de calma a um gesto específico, como tocar o coração. Ao mesmo tempo, pode reprogramar crenças limitantes, ajudando o paciente a reconhecer suas qualidades e a visualizar interações sociais bem-sucedidas. As perguntas poderosas podem ser utilizadas para explorar o que o paciente realmente deseja em suas relações, levando-o a um estado de motivação e clareza.

A personalização dessas abordagens é fundamental para o sucesso terapêutico. Cada paciente é único, e as técnicas devem ser adaptadas às suas necessidades e experiências individuais. Ao criar um espaço seguro e acolhedor, onde o paciente se sente ouvido e compreendido, o terapeuta pode facilitar mudanças significativas que impactam positivamente a vida do indivíduo.

Assim, ao integrar técnicas de PNL à hipnose, os terapeutas não apenas ampliam suas ferramentas de intervenção, mas também criam uma experiência terapêutica mais rica e envolvente. Essa combinação não apenas potencializa os resultados, mas também promove um ambiente de transformação, onde o paciente se sente apoiado em sua jornada de autodescoberta e cura. A interseção entre PNL e hipnose se revela, portanto, um caminho poderoso para a realização de mudanças duradouras e significativas na vida dos indivíduos.

A importância da linguagem na prática hipnótica não pode ser subestimada. As palavras que escolhemos têm o poder de moldar experiências, criar imagens mentais e evocar emoções profundas. Ao trabalharmos com a hipnose, é fundamental que os profissionais se tornem conscientes do impacto que a linguagem pode ter na mente do paciente. Cada palavra, cada frase, deve ser escolhida com intenção, visando não apenas a comunicação, mas também a transformação.

A linguagem hipnótica é uma ferramenta poderosa que permite ao terapeuta guiar o paciente por meio de estados de consciência alterados. Utilizando sugestões cuidadosamente elaboradas, o hipnoterapeuta pode facilitar a exploração de emoções e memórias, promovendo um ambiente seguro e acolhedor. Essa abordagem não se limita a comandos diretos, mas envolve a construção de narrativas que ressoam com a experiência pessoal do paciente, criando uma conexão emocional que é essencial para o sucesso da terapia.

Um aspecto crucial da linguagem hipnótica é a utilização de metáforas. As metáforas têm a capacidade de comunicar ideias complexas de forma acessível e envolvente. Durante uma sessão hipnótica, um terapeuta pode usar metáforas que refletem as experiências do paciente, permitindo que ele se identifique com a história e, ao mesmo tempo, explore novas possibilidades de interpretação. Por exemplo, ao falar sobre a superação de desafios, o terapeuta pode convidar o paciente a visualizar sua vida como um rio que flui, onde cada curva representa um obstáculo que foi superado. Essa imagem não apenas facilita a compreensão, mas também promove um senso de empoderamento e resiliência.

Além disso, a escolha das palavras e a forma como elas são apresentadas podem influenciar a receptividade do paciente às sugestões. A linguagem persuasiva, que utiliza palavras positivas e encorajadoras, pode criar um ambiente de confiança onde o paciente se sente seguro para explorar suas emoções. Em contrapartida, palavras que evocam medo ou dúvida podem gerar resistência e bloquear o processo terapêutico. Portanto, é essencial que o hipnoterapeuta desenvolva habilidades de comunicação eficazes, ajustando sua linguagem às necessidades e ao estado emocional do paciente.

Uma estratégia poderosa para aprimorar a comunicação é a prática da escuta ativa. Ao ouvir atentamente o que o paciente diz, o terapeuta pode identificar as palavras e expressões que ressoam mais profundamente com ele. Essa compreensão permite que o terapeuta ajuste sua linguagem de acordo com as preferências do paciente, criando um espaço mais acolhedor e personalizado. Além disso, a escuta ativa ajuda a estabelecer uma relação de confiança, fundamental para o sucesso da hipnose.

O uso de sugestões indiretas também é uma técnica eficaz na hipnose. Em vez de fazer comandos diretos, o terapeuta pode apresentar sugestões de forma mais sutil, permitindo que o paciente as internalize em seu próprio ritmo. Por exemplo, ao invés de dizer "Você vai se sentir calmo agora", o terapeuta pode sugerir "Algumas pessoas encontram calma quando se permitem relaxar". Essa abordagem respeita o processo individual do paciente e promove uma sensação de controle, aumentando a eficácia da hipnose.

Refletindo sobre a prática consciente da linguagem, é vital que os profissionais de hipnose se tornem mais atentos e intencionais em suas interações com os pacientes. A linguagem é uma ferramenta poderosa que, quando utilizada com cuidado, pode transformar vidas. Ao cultivar uma prática que valoriza a comunicação eficaz e a conexão emocional, os terapeutas não apenas potencializam os resultados terapêuticos, mas também criam um ambiente seguro e acolhedor onde os pacientes podem se sentir apoiados em sua jornada de autodescoberta e transformação.

Em suma, a importância da linguagem na prática hipnótica é um aspecto que merece atenção especial. A escolha cuidadosa das palavras, o uso de metáforas, a escuta ativa e a aplicação de sugestões indiretas são estratégias que podem enriquecer a experiência terapêutica. Ao se tornarem mais conscientes do poder da linguagem, os hipnoterapeutas podem criar um espaço de cura e transformação, onde cada palavra se torna uma ponte para novas possibilidades e um futuro mais positivo.

Capítulo 10: Terapeutas e Práticos de Hipnose

O papel do hipnoterapeuta é fundamental para o sucesso do processo terapêutico. Um hipnoterapeuta não é apenas um técnico que aplica métodos; ele é um facilitador da transformação. Para que essa transformação ocorra, é imprescindível que o terapeuta possua uma formação adequada, que abranja tanto a teoria quanto a prática. Essa formação deve ser robusta e diversificada, permitindo que o profissional compreenda as complexidades da mente humana e as nuances da comunicação.

As competências essenciais para um hipnoterapeuta vão além do conhecimento técnico. A empatia, por exemplo, é uma habilidade crucial. Ser capaz de se colocar no lugar do paciente e entender suas emoções e experiências é o que cria uma conexão genuína. Essa conexão é a base sobre a qual se constrói a confiança, um elemento vital em qualquer relação terapêutica. Quando um paciente sente que seu terapeuta realmente se importa, ele se torna mais aberto e receptivo ao processo.

A escuta ativa é outra habilidade indispensável. Um terapeuta que escuta atentamente não apenas ouve as palavras, mas também capta os sentimentos e as intenções por trás delas. Essa prática não só ajuda a identificar as necessidades do paciente, mas também demonstra um respeito profundo pelo que ele está vivenciando. É nesse espaço de acolhimento que o paciente se sente seguro para explorar suas vulnerabilidades.

Além disso, a comunicação eficaz é um pilar central na prática hipnótica. A forma como um terapeuta se expressa pode influenciar significativamente a experiência do paciente. Utilizar uma linguagem clara, acessível e encorajadora é essencial. Isso não significa apenas evitar jargões técnicos, mas também saber adaptar a comunicação ao estilo e às necessidades do paciente. O terapeuta deve ser um mestre na arte de moldar suas palavras para que elas ressoem com as emoções e as experiências do cliente.

A autoanálise e o autocuidado também são imperativos para um hipnoterapeuta. Para oferecer o melhor suporte ao paciente, é necessário que o terapeuta cuide de sua própria saúde mental e emocional. Isso envolve reconhecer suas próprias limitações, buscar supervisão quando necessário e estar disposto a se desenvolver continuamente. Um terapeuta que se dedica ao seu próprio crescimento pessoal é mais capaz de guiar seus pacientes em suas jornadas.

Portanto, o papel do hipnoterapeuta é multifacetado e exige uma combinação de habilidades técnicas e interpessoais. A formação adequada, a empatia, a escuta ativa, a comunicação eficaz e o autocuidado são fundamentais para criar um ambiente terapêutico seguro e acolhedor. É nesse espaço que a verdadeira transformação pode acontecer, permitindo que os pacientes explorem suas emoções e ressignifiquem suas experiências. A jornada de um hipnoterapeuta é, em última análise, uma jornada de conexão, compreensão e crescimento mútuo.

O caminho para se tornar um hipnoterapeuta eficaz começa com uma formação sólida e abrangente. Essa formação não se restringe apenas ao conhecimento técnico sobre hipnose, mas também abrange uma variedade de habilidades interpessoais e emocionais que são essenciais para o sucesso na prática. É fundamental que os aspirantes a hipnoterapeutas busquem cursos e certificações que ofereçam uma base teórica robusta, além de experiências práticas supervisionadas que permitam a aplicação do que foi aprendido.

Os cursos de formação em hipnose podem variar amplamente em conteúdo e abordagem. Algumas instituições focam em técnicas tradicionais, enquanto outras podem integrar métodos mais contemporâneos, como a hipnose conversacional ou a hipnose ericksoniana. É importante que cada futuro terapeuta identifique qual abordagem ressoa mais com sua filosofia e estilo pessoal. Essa escolha pode influenciar não apenas a eficácia das suas intervenções, mas também a conexão que será estabelecida com os pacientes.

A formação contínua é outro aspecto crucial para qualquer profissional que deseje se destacar na área da hipnose. Participar de workshops, seminários e conferências pode proporcionar novas perspectivas e atualizações sobre as últimas pesquisas e técnicas. Além disso, a troca de experiências com outros profissionais é enriquecedora e pode abrir portas para colaborações e parcerias que beneficiam todos os envolvidos.

A prática supervisionada é um elemento vital na formação de um hipnoterapeuta. Durante essa fase, o aprendiz tem a oportunidade de aplicar técnicas em cenários reais, sob a orientação de um profissional experiente. Essa supervisão não apenas oferece feedback valioso, mas também ajuda a construir a confiança necessária para lidar com os desafios que podem surgir durante as sessões com os pacientes.

É igualmente importante que os aspirantes a hipnoterapeutas se familiarizem com as diferentes escolas de hipnose. Cada uma delas traz uma perspectiva única e técnicas específicas que podem ser úteis em contextos variados. Conhecer essas abordagens permite que o terapeuta escolha as ferramentas mais adequadas para cada situação e paciente, aumentando assim a eficácia do tratamento.

A ética também deve ser uma parte central da formação de qualquer hipnoterapeuta. Compreender os princípios éticos que regem a prática da hipnose é fundamental para garantir que os pacientes se sintam seguros e respeitados durante todo o processo terapêutico. Isso inclui a importância do consentimento informado, onde o terapeuta deve garantir que o paciente compreenda o que a hipnose envolve e quais são os potenciais riscos e benefícios.

Assim, a formação e capacitação de um hipnoterapeuta é um processo contínuo que envolve o desenvolvimento de habilidades técnicas, emocionais e éticas. Ao investir tempo e esforço nesse processo, os profissionais não apenas se preparam para ajudar seus pacientes de maneira eficaz, mas também contribuem para a validação e o reconhecimento da hipnose como uma prática terapêutica respeitável e eficaz.

A hipnose, com seu poder transformador, tem sido uma ferramenta de mudança para muitos indivíduos ao longo dos anos. Neste segmento, vamos compartilhar algumas histórias inspiradoras de pessoas que, através da hipnose, conseguiram superar desafios significativos em suas vidas. Esses testemunhos não apenas ilustram a eficácia da hipnose, mas também destacam a importância da relação entre terapeuta e paciente, que é fundamental para o sucesso do tratamento.

Uma dessas histórias é a de Ana, uma jovem que lutava contra a ansiedade severa. Desde a adolescência, ela se sentia paralisada em situações sociais, o que a impedia de aproveitar momentos simples, como sair com amigos ou participar de eventos familiares. Após muitas tentativas frustradas de terapia convencional, Ana decidiu experimentar a hipnose. Durante as sessões, seu terapeuta utilizou técnicas de ancoragem emocional, associando um gesto simples — tocar o polegar e o indicador juntos — a um estado de calma profunda. Com o passar do tempo, Ana começou a usar essa âncora em situações que antes a deixavam ansiosa. O resultado foi impressionante: ela não apenas começou a participar de eventos sociais, mas também se tornou uma defensora da hipnose, compartilhando sua experiência com outras pessoas que enfrentavam desafios semelhantes.

Outro relato poderoso é o de Carlos, um empresário que enfrentava bloqueios criativos que afetavam seu desempenho profissional. Ele sentia que sua capacidade de inovar estava estagnada, e isso impactava diretamente sua empresa. Ao buscar a hipnose, Carlos foi guiado a um estado de relaxamento profundo, onde pôde explorar suas crenças limitantes sobre criatividade. Durante as sessões, ele visualizou um espaço seguro onde suas ideias podiam fluir livremente, sem medo de julgamento. Essa prática não apenas desbloqueou sua criatividade, mas também o ajudou a implementar novas estratégias em seu negócio, resultando em um crescimento significativo e em um aumento da satisfação no trabalho.

Esses testemunhos revelam que a hipnose não é apenas uma técnica, mas uma experiência transformadora que pode levar a mudanças duradouras. A conexão emocional entre o terapeuta e o paciente é vital para que essas transformações ocorram. Quando os pacientes sentem que estão em um ambiente seguro, onde suas emoções são respeitadas e compreendidas, eles se tornam mais receptivos às sugestões e mais propensos a explorar suas vulnerabilidades.

Além disso, a hipnose permite que os pacientes reescrevam suas narrativas pessoais, transformando experiências de dor em histórias de superação. Através de metáforas e visualizações, os terapeutas podem guiar os pacientes a ver suas dificuldades sob uma nova luz, ajudando-os a encontrar força e resiliência onde antes havia desespero.

À medida que continuamos a explorar o impacto da hipnose na vida das pessoas, é essencial reconhecer que cada história de sucesso é única. Cada paciente traz consigo um conjunto de experiências e desafios que moldam sua jornada. A hipnose, com suas técnicas adaptáveis e personalizadas, oferece um caminho para que cada indivíduo encontre sua própria voz e seu próprio poder de transformação.

Esses relatos não apenas inspiram, mas também servem como um lembrete do potencial que todos nós temos para mudar nossas vidas. A hipnose é uma ferramenta poderosa, e quando utilizada com empatia e compreensão, pode abrir portas para um futuro mais brilhante e cheio de possibilidades.

A relação entre o hipnoterapeuta e o cliente é um aspecto fundamental que pode determinar o sucesso ou o fracasso de um processo terapêutico. Essa interação deve ser construída sobre uma base sólida de confiança e respeito mútuo, onde o terapeuta se torna não apenas um guia, mas também um parceiro na jornada de transformação do paciente. Para que essa dinâmica funcione de maneira eficaz, é essencial que o terapeuta estabeleça um ambiente seguro, onde o cliente se sinta à vontade para explorar suas emoções e experiências.

O consentimento informado é um princípio ético que deve ser priorizado em todas as interações. O terapeuta deve garantir que o cliente compreenda claramente o que a hipnose envolve, incluindo os potenciais riscos e benefícios. Essa transparência não só reforça a confiança, mas também capacita o cliente a tomar decisões informadas sobre sua própria terapia. Um cliente que se sente respeitado e bem informado é mais propenso a se abrir e a se engajar plenamente no processo.

Outra dimensão importante dessa relação é a comunicação clara. O terapeuta deve ser capaz de expressar suas intenções e expectativas de maneira acessível, evitando jargões que possam confundir o cliente. Uma comunicação eficaz é a chave para alinhar objetivos e garantir que ambos estejam na mesma página. Por exemplo, ao iniciar uma sessão, o terapeuta pode perguntar ao cliente sobre suas expectativas e o que ele espera alcançar, criando assim um espaço de diálogo aberto.

A construção de um espaço seguro também envolve a capacidade do terapeuta de lidar com emoções difíceis que possam surgir durante as sessões. É comum que os clientes tragam à tona experiências dolorosas ou traumas não resolvidos. O terapeuta deve ser sensível a essas questões, oferecendo suporte e validação emocional. Essa empatia não apenas conforta o cliente, mas também o encoraja a continuar explorando suas emoções, sabendo que tem ao seu lado alguém que compreende suas lutas.

Além disso, o terapeuta deve ser flexível e adaptável às necessidades do cliente. Cada pessoa é única, e as abordagens que funcionam para um indivíduo podem não ser adequadas para outro. Portanto, é vital que o terapeuta esteja disposto a ajustar suas técnicas e estratégias conforme necessário. Essa personalização do tratamento não só melhora a eficácia da hipnose, mas também demonstra ao cliente que suas necessidades e desejos são levados em consideração.

Os desafios que podem surgir na relação entre terapeuta e cliente não devem ser subestimados. É possível que o cliente enfrente resistência ou hesitação em relação à hipnose, especialmente se tiver experiências passadas negativas ou preconceitos sobre a prática. Nesses casos, o terapeuta deve estar preparado para abordar essas preocupações com sensibilidade e compreensão, ajudando o cliente a superar suas barreiras emocionais e a construir uma nova narrativa sobre a hipnose.

Por fim, é importante que o terapeuta se comprometa com seu próprio desenvolvimento profissional e pessoal. A autoanálise e o autocuidado são essenciais para que o terapeuta possa oferecer o melhor suporte ao cliente. Um terapeuta que investe em seu próprio crescimento é capaz de se conectar mais profundamente com os clientes e de oferecer um espaço terapêutico mais rico e acolhedor.

Em suma, a relação entre o hipnoterapeuta e o cliente é um aspecto dinâmico e multifacetado que exige atenção cuidadosa. Ao priorizar o consentimento informado, a comunicação clara, a empatia e a flexibilidade, o terapeuta podem criar um ambiente seguro e acolhedor que favorece a transformação e a cura. Essa conexão, fundamentada na confiança e no respeito, é o que torna a hipnose uma ferramenta tão poderosa para a mudança pessoal e emocional.

Capítulo 11: Ética na Prática da Hipnose

A ética na prática da hipnose é um pilar fundamental que sustenta não apenas a relação entre o terapeuta e o cliente, mas também a credibilidade da própria prática. Nesse contexto, é essencial compreender que a ética vai além de um conjunto de regras; ela representa um compromisso profundo com o respeito à dignidade e à autonomia do paciente. Cada interação deve ser guiada por princípios que assegurem que o cliente se sinta seguro, respeitado e valorizado.

Um dos conceitos centrais na ética hipnótica é o respeito à autonomia do paciente. Isso significa que o terapeuta deve sempre considerar as escolhas e os desejos do cliente, permitindo que ele participe ativamente do seu processo terapêutico. A hipnose não deve ser vista como uma ferramenta de controle, mas como um meio de empoderar o indivíduo a explorar sua própria mente e a fazer mudanças significativas em sua vida. O terapeuta deve estar consciente de que cada cliente é um agente ativo em sua jornada de autodescoberta e transformação.

A integridade profissional é outro princípio ético essencial. Os hipnoterapeutas devem manter altos padrões de honestidade e transparência em todas as suas interações. Isso inclui não apenas a maneira como apresentam suas qualificações e habilidades, mas também como comunicam os objetivos e limites da terapia. Um terapeuta íntegro é aquele que não faz promessas vazias ou exageradas sobre os resultados da hipnose. Em vez disso, ele se compromete a fornecer informações claras e realistas, permitindo que o cliente tome decisões informadas sobre seu tratamento.

O consentimento informado é uma prática ética indispensável na hipnose. Antes de iniciar qualquer sessão, é crucial que o terapeuta explique detalhadamente o que o cliente pode esperar do processo, incluindo os potenciais riscos e benefícios. Essa comunicação deve ser clara e acessível, evitando jargões que possam confundir o paciente. O consentimento informado não é apenas uma formalidade, mas sim uma oportunidade para construir uma relação de confiança, onde o cliente se sente confortável para expressar suas preocupações e fazer perguntas.

Além disso, a ética na hipnose envolve a responsabilidade do terapeuta em criar um ambiente seguro e acolhedor. Isso implica em estar atento às necessidades emocionais do cliente e ser sensível a situações de vulnerabilidade que possam surgir durante as sessões. O terapeuta deve estar preparado para lidar com emoções intensas e, quando necessário, oferecer suporte adequado. Essa abordagem não só protege o cliente, mas também fortalece a relação terapêutica, criando um espaço onde a transformação pode ocorrer de maneira eficaz e respeitosa.

A relação entre ética e eficácia no tratamento é um aspecto que merece destaque. Quando um terapeuta age de maneira ética, ele não apenas protege o bem-estar do cliente, mas também promove melhores resultados terapêuticos. Um ambiente onde a confiança e o respeito são priorizados facilita a abertura do cliente para explorar suas emoções e experiências, aumentando a eficácia da hipnose. Assim, a ética não é apenas uma questão de conformidade, mas sim um elemento essencial que contribui para a profundidade e a eficácia do trabalho terapêutico.

Em suma, os fundamentos éticos da hipnose são essenciais para a prática responsável e respeitosa. O respeito à autonomia do paciente, a integridade profissional, o consentimento informado e a criação de um ambiente seguro são pilares que sustentam não apenas a relação terapeuta-cliente, mas também a credibilidade da hipnose como uma prática terapêutica. Ao adotar uma abordagem ética, os hipnoterapeutas não apenas garantem a segurança e o bem-estar de seus clientes, mas também promovem um ambiente onde a transformação e o crescimento pessoal podem florescer.

Consentimento informado é um conceito que transcende a mera formalidade; é um compromisso ético que estabelece as bases para uma relação de confiança entre o hipnoterapeuta e o cliente. Para que essa relação seja frutífera, é imprescindível que o terapeuta se dedique a explicar de maneira clara e acessível o que a hipnose envolve. Isso inclui não apenas os métodos que serão utilizados, mas também os potenciais riscos e benefícios que podem advir do processo. O objetivo é garantir que o cliente se sinta empoderado e seguro em sua decisão de participar da terapia.

Um aspecto fundamental do consentimento informado é a comunicação. O terapeuta deve usar uma linguagem que ressoe com o cliente, evitando jargões técnicos que possam gerar confusão. É essencial que o cliente compreenda o que está sendo proposto e tenha a oportunidade de fazer perguntas. Essa abertura não só facilita o entendimento, mas também demonstra respeito pela autonomia do cliente, permitindo que ele participe ativamente do seu processo de cura.

Por exemplo, ao iniciar uma sessão, o terapeuta pode perguntar ao cliente sobre suas expectativas e preocupações. Essa prática não apenas ajuda a criar um espaço de diálogo, mas também permite ao terapeuta ajustar sua abordagem de acordo com as necessidades específicas do cliente. Quando o cliente sente que suas opiniões são valorizadas, ele se torna mais receptivo e engajado no processo. Essa interação não é apenas uma formalidade, mas um passo crucial para construir um relacionamento terapêutico sólido.

Além disso, a responsabilidade do terapeuta vai além da simples obtenção do consentimento. Ele deve estar atento ao estado emocional do cliente e às suas reações durante as sessões. Se, em algum momento, o cliente demonstrar desconforto ou hesitação, o terapeuta deve estar preparado para interromper o processo e reacessá-lo. Essa flexibilidade é vital para manter um ambiente seguro e acolhedor, onde o cliente se sinta à vontade para explorar suas emoções sem pressões externas.

Outro ponto importante a ser considerado é a natureza dinâmica do consentimento informado. Ele não é um evento único, mas um processo contínuo. À medida que o tratamento avança, o terapeuta deve continuar a verificar se o cliente se sente confortável com a abordagem utilizada. Isso implica em revisitar regularmente os objetivos da terapia e fazer ajustes conforme necessário. Essa prática não só reforça a confiança, mas também permite que o cliente se sinta parte ativa de sua jornada de transformação.

A criação de um ambiente seguro e acolhedor é um princípio ético que deve estar presente em todas as interações terapêuticas. O terapeuta deve ser um facilitador que promove um espaço onde o cliente possa se sentir livre para expressar suas emoções e vulnerabilidades. Isso envolve não apenas a compreensão das necessidades do cliente, mas também a capacidade de lidar com situações de vulnerabilidade que possam surgir durante as sessões. A empatia e a sensibilidade são fundamentais nesse contexto, pois ajudam a construir um vínculo de confiança que é essencial para o sucesso da hipnose.

Em suma, o consentimento informado é um elemento central na prática ética da hipnose. Ele não apenas protege o bem-estar do cliente, mas também fortalece a eficácia do tratamento. Ao garantir que o cliente compreenda plenamente o que está envolvido no processo terapêutico, o hipnoterapeuta não só promove um ambiente seguro, mas também estabelece as bases para uma relação de respeito e colaboração que é vital para a transformação pessoal. Essa abordagem ética não só enriquece a experiência do cliente, mas também eleva a prática da hipnose a um patamar de profissionalismo e responsabilidade.

A prática da hipnose, embora poderosa e transformadora, exige um compromisso rigoroso com a ética, especialmente em relação aos limites que um hipnoterapeuta deve respeitar durante o processo terapêutico. Esses limites são fundamentais para garantir a segurança, o bem-estar e a dignidade do cliente, além de proteger a integridade do próprio profissional.

Um dos aspectos mais críticos é a manutenção da confidencialidade. O terapeuta deve assegurar que todas as informações compartilhadas durante as sessões permaneçam em sigilo, a menos que haja um consentimento explícito do cliente para compartilhar esses dados. Essa proteção não apenas respeita a privacidade do cliente, mas também cria um espaço de confiança onde ele se sente seguro para explorar questões íntimas e vulneráveis. Quebrar essa confidencialidade, mesmo que involuntariamente, pode resultar em danos irreparáveis à relação terapêutica e à reputação do profissional.

Além disso, o manejo de situações de vulnerabilidade é uma habilidade essencial que um hipnoterapeuta deve desenvolver. Durante as sessões, é comum que os clientes revelem emoções profundas e, por vezes, traumas não resolvidos. O terapeuta deve estar preparado para lidar com essas emoções de maneira sensível e respeitosa, oferecendo suporte adequado. É vital que o profissional saiba quando é apropriado aprofundar-se em um tema e quando é melhor recuar, permitindo que o cliente se recomponha. Essa sensibilidade é crucial para garantir que o processo terapêutico não se torne uma fonte de sofrimento adicional.

Outro ponto importante é a prevenção de manipulação emocional. A hipnose, quando mal utilizada, pode levar a situações em que o terapeuta exerce uma influência indevida sobre o cliente. É responsabilidade do hipnoterapeuta utilizar suas habilidades de maneira ética, evitando qualquer forma de coerção ou manipulação. O objetivo deve ser sempre o empoderamento do cliente, ajudando-o a tomar decisões que sejam verdadeiramente suas e que estejam alinhadas com seus desejos e objetivos pessoais.

Os dilemas éticos também podem surgir durante a prática. Por exemplo, um terapeuta pode se deparar com um cliente que deseja utilizar a hipnose para fins que não são benéficos ou que podem causar danos a si mesmo ou a outros. Nesse caso, o terapeuta deve estar preparado para abordar a situação de forma ética, orientando o cliente sobre os riscos envolvidos e, se necessário, recusando-se a realizar a hipnose. Essa postura não apenas protege o cliente, mas também reafirma o compromisso do terapeuta com a ética e a responsabilidade profissional.

Em suma, os limites e procedimentos éticos na prática da hipnose são fundamentais para garantir um tratamento seguro e eficaz. A manutenção da confidencialidade, o manejo sensível de situações de vulnerabilidade, a prevenção de manipulação emocional e a capacidade de lidar com dilemas éticos são aspectos que todo hipnoterapeuta deve dominar. Ao agir de maneira ética, o profissional não apenas protege seus clientes, mas também fortalece a credibilidade da hipnose como uma prática terapêutica respeitável e eficaz.

Construir uma prática de hipnose respeitável e segura é um compromisso que vai além das técnicas e métodos. É uma jornada que exige dedicação contínua à ética, ao aprendizado e ao desenvolvimento pessoal. Para que um hipnoterapeuta se destaque e seja respeitado em sua área, é crucial que ele adote diretrizes que promovam a segurança e o bem-estar do cliente.

Um dos primeiros passos para estabelecer essa prática é investir em formação contínua. A hipnose é um campo em constante evolução, e novos estudos e técnicas estão sempre emergindo. Participar de workshops, seminários e cursos de atualização não apenas enriquece o conhecimento do terapeuta, mas também demonstra um compromisso com a excelência e a ética. Essa busca por aprendizado contínuo permite que o profissional se mantenha atualizado sobre as melhores práticas e as mais recentes pesquisas científicas.

A supervisão também é um aspecto essencial na construção de uma prática respeitável. Ter um mentor ou um supervisor que possa oferecer feedback e orientação é fundamental. Essa relação não apenas ajuda a identificar áreas de melhoria, mas também proporciona um espaço seguro para discutir dilemas éticos e desafios que possam surgir durante as sessões. A supervisão é uma oportunidade valiosa para refletir sobre a prática e garantir que o terapeuta esteja sempre alinhado com os princípios éticos que regem a hipnose.

Além disso, a construção de uma reputação sólida é um aspecto que não deve ser subestimado. A ética e a integridade devem ser a base de todas as interações com os clientes. Ser transparente sobre as qualificações, experiências e limitações é fundamental para estabelecer a confiança. Quando um terapeuta é honesto e aberto, ele não apenas protege a si mesmo, mas também cria um ambiente onde os clientes se sentem seguros e respeitados.

A responsabilidade social também desempenha um papel importante na construção de uma prática de hipnose respeitável. Os hipnoterapeutas devem estar cientes do impacto que suas ações podem ter na comunidade e se esforçar para contribuir positivamente. Isso pode incluir a realização de workshops gratuitos, palestras em escolas ou instituições, e a promoção da hipnose como uma prática terapêutica respeitável. Ao se envolver com a comunidade, o terapeuta não só fortalece sua reputação, mas também ajuda a desmistificar a hipnose e a promover seu uso ético e responsável.

Por fim, a ética na prática da hipnose deve ser vista como um compromisso contínuo. É fundamental que os hipnoterapeutas reflitam regularmente sobre suas práticas, busquem feedback e estejam dispostos a fazer ajustes quando necessário. Essa disposição para aprender e se adaptar é o que distingue um profissional ético e respeitável de alguém que apenas segue um conjunto de regras.

Em suma, construir uma prática de hipnose respeitável e segura envolve um compromisso com a formação contínua, a supervisão, a transparência e a responsabilidade social. Ao adotar essas diretrizes, os hipnoterapeutas não só garantem a segurança e o bem-estar de seus clientes, mas também elevam a hipnose a um novo patamar de respeito e credibilidade na sociedade. Essa jornada não é apenas sobre ser um bom terapeuta, mas sobre ser um agente de transformação e um defensor da ética na hipnose.

Capítulo 12: Desafios e Oportunidades Futuras na Hipnose e Magnetismo

Os desafios atuais enfrentados pelos profissionais da hipnose e do magnetismo são complexos e multifacetados. Um dos principais obstáculos é a falta de regulamentação e reconhecimento formal dessas práticas. Em muitos países, a hipnose ainda é vista com desconfiança, tanto pelo público em geral quanto pela comunidade médica. Essa desconfiança pode ser atribuída à falta de um entendimento claro sobre o que a hipnose realmente envolve e à persistência de mitos e estigmas que cercam a prática. Para muitos, a hipnose é associada a shows de entretenimento ou a experiências de controle mental, o que pode dificultar sua aceitação como uma terapia legítima e eficaz.

Além disso, a formação dos profissionais de hipnose e magnetismo enfrenta desafios significativos. Em muitos casos, os currículos disponíveis não estão atualizados com as descobertas científicas mais recentes, o que pode resultar em uma formação inadequada. A necessidade de um currículo mais robusto e abrangente é crucial para garantir que os futuros hipnoterapeutas estejam bem preparados para lidar com as questões que podem surgir durante as sessões. A formação deve incluir não apenas as técnicas hipnóticas, mas também uma compreensão profunda da psicologia humana, neurociência e ética profissional.

Outro desafio importante é a resistência de algumas correntes da medicina convencional em aceitar a hipnose como uma prática terapêutica válida. Embora haja um crescente corpo de pesquisa que demonstra a eficácia da hipnose em diversas áreas, como o tratamento de dor, ansiedade e fobias, muitos profissionais de saúde ainda permanecem céticos. Essa resistência pode ser um obstáculo significativo para a integração da hipnose nos cuidados de saúde convencionais, limitando o acesso dos pacientes a tratamentos que poderiam beneficiá-los.

A desinformação também é um fator que contribui para os desafios enfrentados. Muitas pessoas ainda têm uma compreensão limitada do que a hipnose realmente é, levando a preconceitos e à rejeição da prática. É fundamental que os profissionais da hipnose se empenhem em educar o público, desmistificando a prática e esclarecendo suas aplicações e benefícios. Essa educação deve ser uma prioridade, não apenas para promover a hipnose, mas também para garantir que os clientes se sintam seguros e informados ao buscar tratamento.

Portanto, é evidente que os desafios atuais na prática da hipnose e do magnetismo são significativos, mas não insuperáveis. Com um compromisso contínuo com a ética, a educação e a promoção de uma compreensão clara da hipnose, é possível superar essas barreiras. A próxima etapa envolve explorar as oportunidades emergentes que estão surgindo, que podem transformar esses desafios em portas abertas para um futuro promissor na prática da hipnose e do magnetismo.

A hipnose e o magnetismo estão em um momento de transformação, onde novas oportunidades emergem para expandir suas práticas e aceitação na sociedade. Com o crescente reconhecimento científico e a validação de suas aplicações terapêuticas, estamos diante de um cenário promissor que pode reconfigurar a forma como essas técnicas são percebidas e utilizadas.

A aceitação da hipnose como uma ferramenta terapêutica legítima está em ascensão, impulsionada por estudos que demonstram sua eficácia em áreas como o manejo da dor, o tratamento de transtornos de ansiedade e a superação de fobias. Pesquisas recentes têm explorado os mecanismos neurofisiológicos que sustentam a hipnose, revelando como ela pode induzir estados de relaxamento profundo e facilitar mudanças no comportamento e nas percepções. Esse conhecimento não apenas valida a hipnose, mas também a posiciona como uma alternativa viável e eficaz dentro do arsenal terapêutico disponível.

Além disso, a interseção da hipnose com tecnologias emergentes, como a hipnose digital e as terapias virtuais, abre novas portas para a prática. Com o avanço das plataformas digitais, é possível oferecer sessões de hipnose a uma audiência global, superando barreiras geográficas e proporcionando acesso a tratamentos que antes eram limitados a consultórios físicos. Essa inovação não apenas democratiza o acesso à hipnose, mas também permite que profissionais experimentem novas abordagens, adaptando suas técnicas para um ambiente virtual.

A colaboração entre hipnoterapeutas e cientistas é uma oportunidade valiosa que pode levar a novas descobertas e aprimoramentos na prática. Ao trabalhar em conjunto, esses profissionais podem desenvolver protocolos de tratamento mais eficazes, baseados em evidências, que atendam às necessidades dos pacientes de maneira mais precisa. Essa sinergia não só reforça a credibilidade da hipnose, mas também a integra de forma mais significativa no campo da saúde.

Ademais, a educação e a conscientização são essenciais para transformar a percepção pública sobre a hipnose e o magnetismo. Profissionais precisam se engajar em campanhas educativas que desmistifiquem a prática, esclarecendo suas aplicações e benefícios. Ao promover uma compreensão mais clara, é possível combater a desinformação que ainda permeia a sociedade e, assim, abrir caminho para uma aceitação mais ampla.

Nesse contexto, a hipnose e o magnetismo não são apenas práticas terapêuticas; eles representam um potencial transformador para a saúde mental e o bem-estar das pessoas. À medida que avançamos, é fundamental que os profissionais se mantenham atualizados, adotando uma postura proativa em relação às novas pesquisas e inovações. O futuro é promissor, e com um compromisso contínuo com a ética, a educação e a colaboração, a hipnose e o magnetismo podem se estabelecer como pilares respeitáveis na prática terapêutica moderna.

A educação contínua e a formação são fundamentais para o sucesso e a evolução dos profissionais de hipnose e magnetismo. Em um mundo em constante transformação, onde novas descobertas e inovações emergem a todo momento, é imperativo que os praticantes se mantenham atualizados e bem informados. A busca por conhecimento não deve ser apenas uma exigência, mas uma paixão que impulsiona cada profissional a se aprofundar nas nuances de sua prática.

Um dos aspectos mais críticos da formação é a necessidade de programas que integrem tanto a teoria quanto a prática. Cursos que ofereçam uma base sólida em princípios hipnóticos, aliados a experiências práticas supervisionadas, são essenciais para preparar os futuros hipnoterapeutas. A teoria fornece o conhecimento necessário, mas é na prática que se desenvolvem as habilidades essenciais, como a empatia, a escuta ativa e a adaptação das técnicas às necessidades individuais dos clientes.

Além disso, a ética deve ser um componente central em qualquer programa de formação. Os profissionais devem ser educados sobre a importância do consentimento informado, da confidencialidade e da responsabilidade em suas interações com os clientes. Essa formação ética não apenas protege os clientes, mas também eleva a prática da hipnose e do magnetismo a um padrão de respeito e integridade.

A participação em workshops, conferências e grupos de estudo é uma excelente maneira de promover a troca de experiências e a atualização sobre novas pesquisas e técnicas. Esses eventos não só oferecem oportunidades de aprendizado, mas também criam um espaço para o networking entre profissionais. A construção de redes de apoio é vital; a colaboração entre hipnoterapeutas pode enriquecer a prática e promover o crescimento pessoal e profissional. Compartilhar desafios e sucessos cria um ambiente onde todos podem aprender e se desenvolver juntos.

A integração da hipnose e do magnetismo com outras disciplinas também deve ser incentivada. A colaboração com profissionais de saúde, psicólogos e cientistas pode abrir novas perspectivas e enriquecer a prática. Essa interdisciplinaridade não apenas aumenta a credibilidade das práticas, mas também proporciona uma compreensão mais ampla das necessidades dos clientes, permitindo abordagens mais holísticas e eficazes.

Além disso, a tecnologia desempenha um papel crescente na formação e na prática da hipnose. Plataformas digitais oferecem a oportunidade de acessar cursos e treinamentos de forma remota, tornando o aprendizado mais acessível. A hipnose virtual, por exemplo, é uma área em expansão que pode ser explorada por profissionais que desejam ampliar seu alcance e oferecer serviços a uma clientela mais ampla. Essa inovação não apenas democratiza o acesso à hipnose, mas também permite que os hipnoterapeutas experimentem novas abordagens e técnicas adaptadas ao ambiente virtual.

Por fim, a formação contínua deve ser vista como uma jornada sem fim. Os profissionais de hipnose e magnetismo devem cultivar uma mentalidade de aprendizado ao longo da vida, buscando constantemente novas informações, técnicas e abordagens. Essa disposição para evoluir não só enriquece a prática, mas também inspira confiança nos clientes, que se sentem seguros ao saber que estão sendo atendidos por profissionais comprometidos com a excelência e a ética.

Em suma, o papel da educação e da formação contínua na hipnose e no magnetismo é inegável. Investir em programas de formação abrangentes, promover a colaboração entre profissionais e abraçar as inovações tecnológicas são passos cruciais para garantir que esses campos continuem a crescer e se desenvolver de maneira respeitável e eficaz. Ao priorizar o aprendizado e a ética, os hipnoterapeutas estarão não apenas melhorando suas habilidades, mas também contribuindo para a construção de um futuro mais promissor para a hipnose e o magnetismo.

A visão futura da hipnose e do magnetismo em relação à medicina convencional é um tema que merece atenção especial, especialmente considerando o potencial transformador que essas práticas podem oferecer. Com o avanço das pesquisas e a crescente validação científica, é possível imaginar um cenário onde a hipnose e o magnetismo não apenas coexistam, mas se integrem de maneira harmoniosa aos tratamentos médicos tradicionais, promovendo um cuidado mais holístico e eficaz para os pacientes.

Um dos primeiros passos para essa integração é estabelecer um diálogo aberto e colaborativo entre hipnoterapeutas e profissionais de saúde. Essa comunicação é vital para que ambos os lados compreendam melhor as práticas um do outro, eliminando preconceitos e construindo uma base de respeito mútuo. Quando médicos e hipnoterapeutas trabalham juntos, eles podem criar um ambiente de tratamento mais coeso, onde as intervenções hipnóticas são vistas como complementares às abordagens médicas convencionais. Esse tipo de colaboração não apenas beneficia os pacientes, mas também enriquece as práticas de ambos os lados, promovendo um aprendizado contínuo.

Iniciativas já estão sendo implementadas em algumas instituições de saúde, onde programas de formação conjunta estão sendo desenvolvidos. Esses programas visam educar médicos sobre os benefícios e as aplicações da hipnose, ao mesmo tempo que capacitam hipnoterapeutas a entender melhor as necessidades e os desafios enfrentados na medicina convencional. Essa troca de conhecimentos é fundamental para construir um futuro onde a hipnose seja amplamente reconhecida como uma ferramenta terapêutica válida e eficaz.

Além disso, a pesquisa colaborativa entre hipnoterapeutas e cientistas é uma oportunidade valiosa que pode levar a novas descobertas e aprimoramentos nas práticas hipnóticas. Ao unir forças, esses profissionais podem desenvolver protocolos de tratamento baseados em evidências que atendam às necessidades dos pacientes de maneira mais precisa. Essa sinergia não apenas reforça a credibilidade da hipnose, mas também a integra de forma mais significativa no campo da saúde.

A promoção de um bem-estar holístico deve ser o objetivo central dessa integração. A hipnose pode ser particularmente eficaz no manejo de condições como ansiedade, dor crônica e fobias, áreas nas quais a medicina convencional muitas vezes luta para oferecer soluções abrangentes. Ao incorporar a hipnose como parte do tratamento, os profissionais de saúde podem oferecer aos pacientes uma abordagem mais completa, que considera não apenas os sintomas físicos, mas também os aspectos emocionais e psicológicos que influenciam a saúde.

Por fim, é fundamental que a comunidade hipnótica continue a trabalhar para desmistificar a prática e educar o público sobre suas aplicações e benefícios. Campanhas de conscientização podem ajudar a combater a desinformação que ainda permeia a sociedade, promovendo uma compreensão mais clara da hipnose como uma prática terapêutica legítima. À medida que o público se torna mais informado e receptivo, a aceitação da hipnose na medicina convencional se tornará mais viável, abrindo portas para um futuro em que a hipnose e o magnetismo sejam amplamente reconhecidos e utilizados como ferramentas eficazes no cuidado à saúde.

Em suma, a visão futura da hipnose e do magnetismo em relação à medicina convencional é promissora. Com um compromisso contínuo com a colaboração, a educação e a pesquisa, é possível transformar essas práticas em pilares respeitáveis dentro do campo da saúde. Ao unir saberes antigos com as descobertas recentes da ciência, estaremos não apenas enriquecendo as experiências dos pacientes, mas também contribuindo para um modelo de cuidado mais integrativo e eficaz, que valoriza a totalidade do ser humano.

Capítulo 13: Conclusão

Neste primeiro momento, é essencial refletir sobre a jornada que percorremos ao longo deste livro, revisitando os principais conceitos que moldaram nossa compreensão sobre a hipnose e o magnetismo. Desde suas raízes históricas, que nos levam a civilizações antigas, até as aplicações contemporâneas que se entrelaçam com as descobertas científicas mais recentes, cada capítulo nos ofereceu uma visão mais clara e profunda dessas práticas fascinantes.

Franz Mesmer, com suas ideias revolucionárias sobre o magnetismo animal, lançou as bases para o que hoje conhecemos como hipnose. Suas experiências e teorias, embora controversas em sua época, abriram caminho para um entendimento mais amplo do potencial da mente humana. A influência de Mesmer é palpável até hoje, refletindo-se nas práticas terapêuticas que utilizamos nos dias atuais. Ao lado dele, figuras como Dave Elman contribuíram significativamente, introduzindo técnicas que tornaram a hipnose mais acessível e prática, permitindo que terapeutas de diversas áreas adotassem essas abordagens em suas práticas.

À medida que exploramos a intersecção da hipnose com a ciência moderna, percebemos que a validação científica é um componente crucial para o reconhecimento e aceitação dessas práticas. A Teoria Polivagal, por exemplo, nos oferece uma nova perspectiva sobre como as respostas fisiológicas se conectam com estados hipnóticos, proporcionando uma compreensão mais rica do que ocorre durante o processo terapêutico. Além disso, a Programação Neurolinguística (PNL) se apresenta como uma ferramenta poderosa que complementa a hipnose, ampliando as possibilidades de intervenção e transformação.

Neste contexto, é vital reforçar o valor da hipnose como uma prática terapêutica respeitável e eficaz. As evidências científicas que sustentam sua eficácia em áreas como o manejo da dor, o tratamento de transtornos de ansiedade e a superação de fobias são inegáveis. Essa legitimidade não apenas beneficia os profissionais da área, mas, mais importante ainda, oferece aos pacientes uma alternativa viável e muitas vezes transformadora para suas questões de saúde.

Ao concluir, somos lembrados de que a hipnose e o magnetismo não são apenas técnicas; são caminhos que nos conectam à complexidade da mente humana e às suas infinitas possibilidades. A jornada de aprendizado que iniciamos aqui não termina com a última página deste livro. Ao contrário, ela se expande, convidando cada um de nós a continuar explorando, aprendendo e aplicando esses conhecimentos em nossas vidas e nas vidas daqueles que buscamos ajudar. O futuro da hipnose e do magnetismo é promissor, e cabe a nós, como praticantes e defensores, garantir que esses caminhos antigos continuem a se entrelaçar com as inovações da ciência moderna, criando um legado de cura e transformação.

A integração entre as práticas tradicionais da hipnose e as descobertas científicas atuais é um caminho fundamental para o fortalecimento e a aceitação da hipnose na medicina convencional. À medida que avançamos, é essencial reconhecer que a hipnose não é apenas um conjunto de técnicas, mas uma abordagem terapêutica que pode ser enriquecida com o conhecimento científico.

A colaboração entre hipnoterapeutas e profissionais de saúde é vital para essa integração. Quando os hipnoterapeutas se envolvem em diálogos com médicos, psicólogos e outros profissionais de saúde, criam um espaço de aprendizado mútuo. Essa interação permite que ambos os lados compreendam melhor as práticas um do outro, eliminando preconceitos e construindo uma base de respeito. A hipnose pode ser vista como uma ferramenta que complementa tratamentos médicos, oferecendo um cuidado mais holístico e eficaz aos pacientes.

Além disso, a pesquisa colaborativa é uma oportunidade valiosa que pode levar a novas descobertas e aprimoramentos nas práticas hipnóticas. Ao unir forças, hipnoterapeutas e cientistas podem desenvolver protocolos de tratamento baseados em evidências que atendam às necessidades dos pacientes de maneira mais precisa. Essa sinergia não apenas reforça a credibilidade da hipnose, mas também a integra de forma mais significativa no campo da saúde.

A educação e a conscientização desempenham um papel crucial nesta transformação. É fundamental que os profissionais de hipnose se envolvam em campanhas educativas que desmistifiquem a prática, esclarecendo suas aplicações e benefícios. Ao promover uma compreensão mais clara, é possível combater a desinformação que ainda permeia a sociedade, abrindo caminho para uma aceitação mais ampla da hipnose na medicina convencional.

O futuro da hipnose e do magnetismo está repleto de possibilidades. À medida que mais pesquisas são realizadas e mais profissionais se envolvem na prática, a hipnose pode se estabelecer como uma ferramenta respeitável e eficaz no cuidado à saúde. Com um compromisso contínuo com a ética, a educação e a colaboração, é possível transformar esses caminhos antigos em pilares fundamentais da prática terapêutica moderna.

Assim, ao olharmos para o horizonte, vemos que a integração entre práticas tradicionais e científicas não é apenas um desejo, mas uma necessidade. Essa união pode levar a um modelo de cuidado mais integrativo e eficaz, que valoriza a totalidade do ser humano e promove um bem-estar genuíno. O potencial da hipnose e do magnetismo é vasto, e é nosso papel, como praticantes e defensores, garantir que esses caminhos continuem a evoluir e a se entrelaçar com as inovações da ciência moderna.

A hipnose e o magnetismo têm o poder de transformar vidas, e é com essa convicção que encerramos nossa jornada neste livro. Ao refletirmos sobre o que aprendemos, somos convidados a enxergar não apenas as técnicas e teorias, mas também o impacto profundo que essas práticas podem ter na saúde mental e no bem-estar das pessoas. Cada um de nós, como praticantes ou interessados, carrega a responsabilidade de levar adiante esse conhecimento, promovendo uma visão positiva e esclarecedora sobre a hipnose e o magnetismo.

Imagine-se como um farol de luz em meio à escuridão da desinformação. Sua missão é iluminar o caminho para aqueles que buscam ajuda, desmistificando a hipnose e mostrando suas verdadeiras potencialidades. A hipnose não é um truque, mas uma ferramenta poderosa que, quando usada com ética e responsabilidade, pode levar a mudanças significativas na vida das pessoas. Ao compreendermos isso, nos tornamos não apenas terapeutas, mas também agentes de transformação.

A jornada de aprendizado e autodescoberta que iniciamos aqui não deve parar. Cada novo dia é uma oportunidade para aprofundar nossos conhecimentos, explorar novas técnicas e integrar as descobertas científicas mais recentes em nossas práticas. A hipnose e o magnetismo são campos em constante evolução, e cabe a nós, como profissionais dedicados, manter-nos atualizados e abertos às inovações que surgem.

Inspire-se na história de Franz Mesmer, que, apesar das críticas e da resistência, persistiu em suas convicções. Ele nos ensinou que a paixão e a determinação são essenciais para romper barreiras e expandir horizontes. Assim como ele, devemos ser resilientes, enfrentando os desafios que surgem e aproveitando as oportunidades que se apresentam. Cada um de nós tem um papel vital a desempenhar na promoção da hipnose e do magnetismo, e juntos podemos criar uma rede de apoio e colaboração que beneficie a todos.

Por fim, lembre-se de que a hipnose e o magnetismo são mais do que técnicas; são caminhos para a autodescoberta e o empoderamento. Ao utilizá-las, não apenas ajudamos os outros, mas também nos permitimos explorar as profundezas da mente humana e suas infinitas possibilidades. Que cada um de nós se torne um defensor dessas práticas, compartilhando conhecimento e promovendo campanhas educativas que esclareçam suas aplicações e benefícios.

O futuro da hipnose e do magnetismo é brilhante, repleto de oportunidades para aqueles que estão dispostos a se engajar e a se dedicar. Ao unirmos saberes antigos com as inovações da ciência moderna, podemos não apenas enriquecer nossas práticas, mas também contribuir para um mundo mais saudável e consciente. Que essa jornada de aprendizado e transformação continue, e que possamos sempre buscar maneiras de aplicar esses conhecimentos em nossas vidas e na vida daqueles que atendemos.

O futuro da hipnose e do magnetismo é um convite à ação, um chamado para que cada um de nós se torne um defensor ativo dessas práticas em nossas comunidades. A hipnose, com seu potencial transformador, não deve permanecer nas sombras da desinformação. É nosso dever compartilhar o conhecimento adquirido, desmistificando a prática e esclarecendo suas aplicações e benefícios para aqueles que buscam ajuda.

Imagine o impacto que podemos ter ao promover campanhas educativas que abordem a hipnose de maneira clara e acessível. Ao descrever suas verdadeiras capacidades, podemos combater preconceitos e abrir portas para um entendimento mais profundo. Cada conversa, cada apresentação, cada workshop que realizamos é uma oportunidade de iluminar mentes e corações, mostrando que a hipnose é uma ferramenta legítima e eficaz para o bem-estar.

À medida que a prática da hipnose e do magnetismo evolui, novas oportunidades surgem. A integração com a medicina convencional está se tornando uma realidade, e cabe a nós, como praticantes, aproveitar essa onda de mudança. Precisamos nos engajar em diálogos com profissionais de saúde, compartilhando experiências e evidências que comprovem a eficácia da hipnose em contextos clínicos. Essa colaboração não só beneficia os pacientes, mas também eleva o status da hipnose como uma prática respeitável.

O futuro é promissor, repleto de possibilidades. A tecnologia, por exemplo, está revolucionando a forma como oferecemos nossas práticas. A hipnose digital e as terapias virtuais estão se expandindo, permitindo que alcancemos um público mais amplo e que ofereçamos apoio a pessoas que, de outra forma, não teriam acesso a esses serviços. Essa inovação é uma oportunidade de ouro para que os hipnoterapeutas explorem novas abordagens, adaptando suas técnicas a um mundo cada vez mais digital.

No entanto, essa jornada não deve ser solitária. A construção de uma rede de apoio entre hipnoterapeutas é essencial. Ao compartilhar desafios e sucessos, podemos aprender uns com os outros, enriquecendo nossas práticas e fortalecendo nossa comunidade. Workshops, conferências e grupos de estudo são espaços valiosos para essa troca de experiências, onde o aprendizado coletivo se transforma em um motor de crescimento.

A hipnose e o magnetismo não são apenas técnicas; são caminhos que nos conectam à complexidade da mente humana. Ao abraçarmos essa responsabilidade, nos tornamos agentes de transformação, capazes de impactar a vida das pessoas de maneiras profundas e significativas. Que cada um de nós se comprometa a continuar essa jornada de aprendizado e autodescoberta, sempre em busca de novas formas de aplicar esses conhecimentos.

Concluindo, o potencial da hipnose e do magnetismo é vasto e repleto de oportunidades. Ao unirmos saberes antigos com as descobertas mais recentes da ciência, podemos não apenas enriquecer nossas práticas, mas também contribuir para um mundo mais saudável e consciente. Que essa mensagem de esperança e determinação ressoe em cada um de nós, inspirando-nos a agir e a promover a hipnose e o magnetismo como ferramentas poderosas de cura e transformação.

Queridos leitores,

Ao chegarmos ao final desta jornada, é com um coração cheio de gratidão que compartilho esta obra com vocês. "Hipnose e Magnetismo: Unindo Caminhos Antigos e Ciência Recente" não é apenas um livro; é um convite para explorar as profundezas da mente humana e desvendar as possibilidades que a hipnose e o magnetismo nos oferecem.

Cada capítulo foi escrito com a intenção de desmistificar esses temas, trazendo à luz suas raízes históricas, suas evoluções e, mais importante, suas aplicações práticas no mundo contemporâneo. Espero que, ao longo da leitura, vocês tenham encontrado não apenas informações valiosas, mas também inspiração para refletir sobre suas próprias vidas e a maneira como a hipnose pode ser uma ferramenta poderosa de transformação e cura.

A hipnose, assim como o magnetismo, nos ensina que somos mais do que pensamos. Nossas mentes são vastas, repletas de potencial e possibilidades. Ao abraçar essa sabedoria, convido cada um de vocês a se tornarem agentes de mudança, não só em suas vidas, mas também nas vidas daqueles ao seu redor.

Lembrem-se de que a verdadeira transformação começa com a curiosidade e a vontade de aprender. Que este livro sirva como um guia, uma fonte de conhecimento e um estímulo para que vocês continuem explorando, questionando e se aprofundando nos mistérios da mente.

Agradeço profundamente por me acompanharem nesta jornada. Que a hipnose e o magnetismo continuem a iluminar seus caminhos e a trazer novas perspectivas para suas vidas.

Com carinho,

Marcelo N. Nader

O autor pode ser contatado pelo email
mnnader@hotmail.com

Dados Internacionais de Catalogação na Publicação (CIP)
(Câmara Brasileira do Livro, SP, Brasil)

Nader, Marcelo N.
Hipnose e magnetismo : unindo os caminhos antigos com as pesquisas recentes da ciência / Marcelo N. Nader. -- Curitiba, PR : Ed. do Autor, 2024.

ISBN 978-65-01-24920-9

1. Autoconhecimento 2. Hipnose - Uso terapêutico 3. Magnetismo - Uso terapêutico 4. Psicoterapia 5. Saúde mental I. Título.

24-241491 CDD-615.53

Índices para catálogo sistemático:

1. Terapias alternativas 615.53

Eliete Marques da Silva - Bibliotecária - CRB-8/9380

ISBN: 978-65-01-24920-9

9 786501 249209

www.ingramcontent.com/pod-product-compliance
Lightning Source LLC
LaVergne TN
LVHW090427051026
849518LV00006B/2460
* 9 7 8 6 5 0 1 2 4 9 2 0 9 *